揭秘婚恋关系中的领导力

爱商

杨思卓——著

Love
Quotient

民主与建设出版社
·北京·

© 民主与建设出版社，2021

图书在版编目（CIP）数据

爱商：揭秘婚恋关系中的领导力 / 杨思卓著 . --
北京：民主与建设出版社，2021.6
ISBN 978-7-5139-3484-8

Ⅰ.①爱… Ⅱ.①杨… Ⅲ.①爱情—通俗读物 Ⅳ.
① C913.1-49

中国版本图书馆 CIP 数据核字（2021）第 067780 号

爱商：揭秘婚恋关系中的领导力
AISHANG：JIEMI HUNLIAN GUANXI ZHONG DE LINGDAOLI

著　　者	杨思卓
责任编辑	刘　芳
封面设计	新艺书文化
出版发行	民主与建设出版社有限责任公司
电　　话	（010）59417747　59419778
社　　址	北京市海淀区西三环中路 10 号望海楼 E 座 7 层
邮　　编	100142
印　　刷	北京晨旭印刷厂
版　　次	2021 年 6 月第 1 版
印　　次	2021 年 6 月第 1 次
开　　本	787mm×1092mm　1/16
印　　张	12.25
字　　数	129 千字
书　　号	ISBN 978-7-5139-3484-8
定　　价	58.00 元

注：如有印、装质量问题，请与出版社联系。

目录

|

Love
Quotient

明心之爱篇

慧眼之爱篇

魅力之爱篇

丰盈之爱篇

巅峰之爱篇

恒久之爱篇

在爱的旅途中，让我们来一次挑战

一生做茧，何不来一次蝶变？

在爱的旅途中，很多人会留下遗憾。究其原因，是他们没有选择挑战。

你 70 岁时，躺在病床上，一只蝴蝶落在窗前，那美丽的翅膀，扇动了你的记忆：

20 岁那一年，人见人爱的你，无可救药地爱上了一个人。他是那么的帅气阳光，是全校女生公认的白马王子。幸运的是，你成了他的白雪公主。可爸妈说你选错了人，警告你：如果你和他在一起，我们就和你断绝关系。你选择了人生的第一次挑战，跟着他离家出走，结果没有结果，在一次次遭遇暴力之后，你认识到爸妈是对的：他是一个"渣男"。

你带着伤痕离开了，从此对男人产生了"免疫力"。你发奋靠自己，在公司做得风生水起，还拿到了硕士学位。焦急的爸妈帮你选了一个老实男人，你选择了顺从，此时的你，已经把择偶标准降到了不求心动，只求稳定。于是从 26 岁到 36 岁，10 年的婚姻风平浪静。你逐渐珍惜他的时候，发现他已经爱上了别人，你们平静地分手了。

10 岁的女儿成了你唯一的情感寄托，一起走过十几年之后，她有了所爱，与你渐行渐远。你 50 岁的时候，女儿结婚了，要你来帮她照顾孩子，你辞去了副总裁的工作，回家照顾外孙女。这期间遇到过几个让你心动的男人，但女儿反对，你想想也就算了，有女儿，有外孙女，也有天伦之乐了。

60 岁，你不用带孩子了，女儿怕你寂寞，劝你找个老伴。可你照照镜子，发现那一副自己都不爱看的容颜，彻底放弃了，于是邻家几位大妈成了你无聊时的聊伴。

一晃又是 10 年买菜做饭的日子，你在电视剧里打发着你的无奈。直到上个月，你遇到了一位 88 岁的大姐，她热情地请你喝咖啡，说她在学"爱商"课程。看着她少女般的笑容以及那满头的银丝、漂亮的旗袍，你才猛醒：我比她整整年轻 18 岁啊，这辈子怎么就没有好好活一次，即便不能像她一样照亮世界，至少能为自己活一次！看着窗外那美丽的蝴蝶，你觉得自己一生都在做茧，还自以为是春蚕，却从来没有过蝶变……

回到现实，恭喜你，你没有七十古稀，也没有卧床不起，你还可以给自己多次挑战的机会！而这次挑战，你不会失败；在你前方，有一位爱商导师等着你；在你身边，有一支爱商战队支持你……

是的，一生做茧，今天，你可以挑战一次蝶变！

爱商，让你爱的人更爱你

领导力是"万有引力"

如果说人类社会是教育力、科技力、经济力、政治力、军事实力、文化力的角斗场，领导力绝对是这个场域里的"万有引力"！为了探索领导力的秘密，从 2000 年到 2020 年，我做了整整 20 年的探索，研究了各个领域里的案例，比如企业领导力、政府领导力、军队领导力、宗教领导力、社群领导力……找到了它们共通的秘密，写出了《领导力 3.0》。而唯独研究爱情婚姻中的领导力的时候，我发现那些领导原则、领导工具到了这里统统失灵；在强烈的情感磁场中，许多基于智商甚至基于情商的能力都被扭曲了。领导丈夫、领导妻子、领导情侣，领导一个人难于领导一群人。难就难在四个字：无法讲理！

在以描写情爱著称的日本小说家渡边淳一眼里，爱情和学历、智商、地位没有多少关系。那爱情到底和什么有关系？

我发现，爱情与爱商有 90% 以上的关系！

这本书的目的，就是要找到这种关系，并通过爱商来拯救爱情。

爱商（Love Quotient，LQ），就是爱的商数。爱商不等于爱心，爱商等于爱智（即爱的智慧）比爱心：爱商 = 爱智 / 爱心。假如你的爱心是 100，你的爱智是 1，那你的爱商就很低了，只有 1%。有的人说，我不爱了行不行？不爱了可能会提高相对爱商，但是不爱，人生又有什么意义呢？所以爱心一定是要有的。这个条件不可以减掉，还要增加数量，因为这关乎我们和他人的幸福。

爱心是 100，怎么能让爱商是 100 呢？可以让爱智达到 1 万，也就是说，唯一的办法，是提升我们爱的智慧。我们也可以把爱智看作船，把爱心看作船上的货物，载重量 1 吨的船如果载了 10 吨的爱，那不翻船才怪。所以一定要把爱智这条船做大。

有人说，夫妻关系中需要领导力吗？要的。在夫妻关系中，有男人做领导的，也有女人做领导的，也就是说，主导一个家庭幸福的，有男人，也有女人。我对幸福的婚姻做了一个统计，发现在 100 个幸福的家庭中，有 80 个是女人主导的。

为什么会这样？我觉得很奇怪，就接着研究下去，发现这揭示了时代的特点。

在当今时代，女性已经越来越多地走上了领导舞台。在发达国家和中等发达国家的组织结构里，进入工作岗位的女性差不多占到了45%。女性在就业率方面跟男性不相上下。但是在另外两个领域还有很大差距：一是商业领袖领域，世界500强企业中，女性领导占22%，男性领导差不多占了八成；二是在政治领袖领域，女性领导也只占了两成。不过这也是一个好消息，说明女性还有上升的空间。

过去的"他时代"，也就是男性主导的时代，有几个重要的特点（见图1）：

第一，刚猛，这是最重要的特点。天塌下来有男性顶着，有困难时，他们会冲上去。

第二，竞争。竞争性强的行业，一般男性占主导。

第三，指令。由男性做出决断，并发布指令。

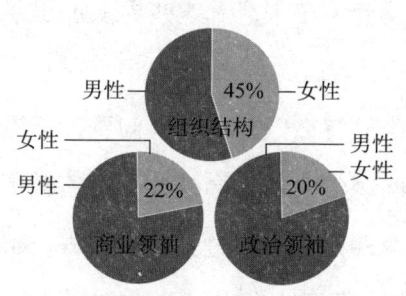

他时代	她时代
刚猛	柔韧
竞争	合作
指令	协商
逻辑	体验
努力	借力

图1 进入"她时代"，女性大放异彩

第四，逻辑。男性逻辑性较强。

第五，努力。相比较而言，男性更擅长自己努力。

"他时代"的女性领导者也有一些男性化的特征。

但是到了"她时代"，另外一些特质被团队需要。首先，是柔韧，折不断、压不弯。其次，是合作，女性天生就喜欢合作。两个男人一起逛街，会离得很远；两个女人逛街，经常手挽着手一起走。而且男性往往不如女性沟通能力强。再次，是协商，很多事情是需要商量着来做的。有的时候男性会觉得商量起来很麻烦，他们更喜欢干脆一点，直接干。女性的协商能力更强。

现在是体验经济、感受经济的时代，女性本身也更关注体验和感受，所以更适合由女性来主导。

男性是竞争动物，特别擅长自己努力。女性特别擅长借力。过去有一句话很有意思：男人征服世界，女人征服男人，借男人之手去征服世界。

伊丽莎白·泰勒主演的电影《埃及艳后》就讲了这样一个故事。埃及女王克莉奥佩特拉出于政治目的，与恺撒结合，从而保住了埃及。恺撒遇刺后，她又将目标转向大将军马克·安东尼。这些男人征服了世界，但埃及艳后却征服了他们。

有的男人遇到问题的时候，会想自己怎么做才能解决问题，天塌下来可以自己顶着。但有的女人遇到问题的时候，会想让谁来顶着更合适。就像要过一条河，有的男人愿意冲过去，蹚过去，游过去，架座桥过去，总而言之就是要自己想办法。但有些女人采取的方式不同，大家应该还记得民歌里唱过："妹娃子要过河，哪个来推我？"男人就说，"我来推你"。

这就是很多女性和男性解决问题的不同特点。过去的时代，男人有优势，但是现在不同了，到了人工智能时代，男人的大部分体能方面的功能都有可能被机器人替代，体能的优势几乎不存在了。靠自己的体力，靠自己单打独斗，随着人工智能时代的到来，已经不大管用了。于是更多的女性开始走上领导的舞台，因为她们更柔韧，愿意合作、协商，能借力。

但是看到这里，女性朋友也不要盲目高兴，说"我的时代来了"。"她时代"确实是来了，但你如果不能把这些特点发挥出来，照样既做不成事，也做不好人。

所谓"幸运"，不过是及早发现了你为之而生的那件事，及时遇到了识你帮你的那个人。现在很多男人也学会借力了。很多大型企业的领导者，都是一男一女做搭档。男人把男人的特长发挥到极致，女人把女人的特长发挥到极致。其实，这个时代不能说是女人领导男人的时代，也不能说是男人领导女人的时代，而是彼此携手共打天下的时代。所以不是女人征服世界，也不是男人征服世界，而是男人和女人携起手来共同征服世界。

女性会起到主导的作用，但还是需要与男性合作。

有人说家国不能两全，其实不一定，很多女性两方面都做得很好，事业做得好，个人生活也安排得好。

女性极致的柔，会让她的应对能力更强。一味刚强的人，往往遍体鳞伤。历尽沧桑，而毫发无伤，必是因为柔软的力量！

爱商领导力

前文讲到了爱情和爱商的关系，这里我们进一步破解其秘密：有一种病毒叫爱毒，有一种解药叫爱商。要想提升对病毒的免疫力，可以来学习爱商领导力。

爱的病毒非常可怕，一颗心本来是好的，感染了病毒之后，会人传人，越传越厉害，会造成交叉感染。

人生一半是事业，另一半是情感，两者加起来人生就圆满了。我们很多的时候说有爱就有幸福，其实只说对了一半，这个爱只不过是幸福之树的花，幸福之树还要结果。人生的幸福之树可以说是开花于爱、结果于爱的能力，爱的能力就是爱商。这本书里，我跟大家分享的就是爱商领导力，来跟大家一起探讨一下如何让爱商打开我们的幸福之门。

那爱商领导力到底应该如何定义呢？领导力不是自己有什么作为，而是通过自己的作为来引发别人的作为，从而取得既定成果的一项能力。而爱商领导力就是让你爱的人爱你的能力。你爱别人叫有爱心，但是你爱别人，无法让别人也爱你，就叫作爱无能，叫作低爱商。如果你不爱他，他爱谁都和你没关系。如果你爱了他，他也爱你，这样爱才是彼此对等的，双方才能够交流起来。

智商、情商有没有用？各有各的用处。如果你想要一个智慧的人生，必须要有智商；如果你想要一个和谐的人生，必须要有情商；如果你想要一个幸福的人生，非有爱商不可。

我们来看看高爱商的人有什么不一样。有些女性朋友说："我年龄大了，我气质形象不够好，所以我不能够找到称心如意的伴侣。"但是我们看看法国总统马克龙和比他大 24 岁的妻子布丽吉特。布丽吉特是他的中学老师，离过婚，有孩子，但马克龙还是主动追求她，两个人终成眷属。在他们俩身上，高颜值、白富美都没有用。什么有用？让你爱的人爱你的能力有用。

我们再看英国的亨利王子和长他三岁的王妃梅根。王子之前也是谈过恋爱的，至少在情场不是一个菜鸟，什么样的人都见过，他最终选择了梅根。想嫁入英国王室，本来就有很多障碍，更别说梅根这种情况的了，几乎是不可能的。第一，她离过婚。第二，她是混血儿，有黑人血统。第三，她有很多的绯闻。第四，她的宗教信仰也和英国王室不一样。王室最后还是认可了这门婚事。2020 年 3 月 31 日，亨利王子和梅根还正式退出英国王室公职，前往美国生活。对王子来说，王室待遇可以不要，自食其力和心爱的人在一起更重要，可想而知这个女人得有多大的魅力。

这种魅力可不可以培养？当然可以。

有人问，看爱情小说，看爱情电视剧，能不能够学到这种魅力？很难。

如果没有爱商，高智商、高情商、高学历、高颜值，这一切都是华而不实的。

爱商领导力，就是能够自己创造幸福的能力。你有了这种能力，就会从一些爱情、婚姻问题的泥潭中走出来。就像我们感染了病毒，出现了很多问题，但是有了这种能力，就有了对症的特效药。

三度测评，远离爱毒

那我们自己有没有中爱毒？如果中了爱毒，会有什么样的基本症状？我们通过分析大量的案例，发现了一些规律，就是可以通过三度测评，即舒适度、自我度和觉察度测评，来看你是不是爱毒的患者（见图 2 ）。

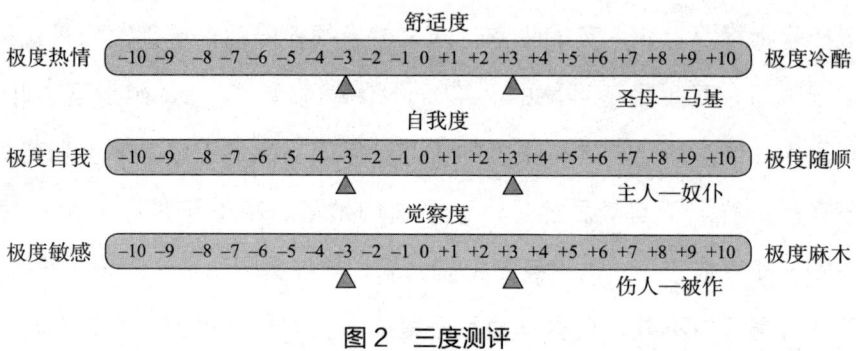

极度热情　舒适度　极度冷酷
-10 -9 -8 -7 -6 -5 -4 -3 -2 -1 0 +1 +2 +3 +4 +5 +6 +7 +8 +9 +10
圣母—马基

极度自我　自我度　极度随顺
-10 -9 -8 -7 -6 -5 -4 -3 -2 -1 0 +1 +2 +3 +4 +5 +6 +7 +8 +9 +10
主人—奴仆

极度敏感　觉察度　极度麻木
-10 -9 -8 -7 -6 -5 -4 -3 -2 -1 0 +1 +2 +3 +4 +5 +6 +7 +8 +9 +10
伤人—被作

图 2　三度测评

通常情况下，0 是最平衡的，向左右摆，摆到正 3、负 3 都很正常，问题不大。人不可能一直处在平衡点，那太难了，可以向左右摆。但是一旦超出了（-3，3），人就有偏向了。

第一个，舒适度。

舒适度是跟情商有关的一个词，情商和爱商有什么不一样呢？情商有点像春风秋月，高情商的人会让人觉得比较舒服。爱商则特别像夏雨冬阳，即夏天的雨，冬天的阳光，很及时。

我们可以用温度来表示舒适度，温度低了会得病，温度高了也会得病。人的正常体温是在 36.5℃左右，高了低了都会有问题。有的人对待他人是极度的热情，有的人对待他人则是极度的冷酷。极度冷酷的人，从来没有温暖，你在他身上感受不到温暖，他会吸收你的温暖，总是说你爱他爱得不够。极度热情的人，不管你需不需要，他就是关心你，就是爱你。就像有的时候你抱怨老妈，会说她关心得太过头了，让你吃不消，但是你抱怨归抱怨，她还是照样关心你。在这个世界上就有这样一种人，不管别人需不需要，他都去关心别人，天生就愿意对别人好。

这极冷、极热代表了两种人物：一种人叫马基雅维利主义者，就是对待一切都非常冷淡，不会付出任何东西，却想让别人为他付出；另一种人有圣母情结，圣母情结就是做好人，生怕别人说自己不好，所以委曲求全。这两种人经常混在一起，甚至可以说，往往是特别有爱的人培养了特别没有爱的人。一方爱得太多，以致让另一方爱的阀门坏掉了，根本就不付出。他不需要暖气，只需要冷气就行了。

第二个，自我度。

有一种人对别人和自我的看法就是：我的眼中没有你，只有我自己。另一种人的看法是：我的眼里只有你，没有我自己，极度随顺。比如有一对男女朋友，男生原来有女友，女生原来也有男友。双方各自分手后在一起，但是男生允许自己有前女友，不许女生有前男友，总是挑剔她，找她的麻烦。而女生一再向男生认错，在给他发的信息中甚至说："我是一块垃圾，配不上熠熠生辉的你。"她的这种极度随顺，成全了男生的自我，造成"一个愿打，一个愿挨"的假象。无原则的忍让，到退无可退的时候，就会以悲剧收场。

我们很冷静地来评价这件事情的时候，都会说不该这样做。其实在我接触的案例里，这种事情有很多。陷入极度疯狂爱情中的人往往智商等于零，这时候平常的智慧不起作用，爱的智慧才能起作用。

第三个，觉察度。

有的人总是会深刻地反省自己，有的人从不反省自己，对别人的感觉极其麻木。

一般来讲，学历比较高的人，往往在右端，就是对别人的感觉相对麻木。通常学历比较低的人，会在情感上比较敏感。到了 –10 分，就是极度敏感状态。假如一个极度敏感的人碰上一个极度麻木的人，不管有多爱，两个人的纠纷都会没完没了。极度麻木的人特别容易伤人，在自己还不知道的时候，就伤害到对方。而极度敏感的人经常会受伤。

有人说，这样看的话，极度麻木的人岂不是最幸福的？毕竟他们很少受伤。但其实他们也没什么幸福感，因为他们对幸福的感受也是麻木的。

爱商测评

我们再做一个爱商的测评。很多人把智商、情商当成了爱商，这是一个误区。曾经有一个学员，她的情感出了一些问题，但是她总在别人面前秀幸福，说她的爱情有多么圆满，结果最后出大问题的时候，她才找闺蜜哭诉。但她还是不承认自己没有爱商。她把情商、智商当成了爱商，这完全是两码事。我们可以根据表 1 来测评一下，看看自己在这个方面与幸福差多远。

表 1　爱商测评：你与幸福差多远

爱商						1	5		10	20
1. 男人渴望的四种爱，你缺少哪一种？										
2. 女人幸福的四大支柱，你缺少哪一项？										
3. 爱有五个层次，你与他各在第几层？										
4. 掌握哪四种沟通技巧，才能让你的男神对你心悦诚服？										
5. 爱侣中了爱毒，你掌握五步救治法了吗？										
总分	1—20	21—30	31—40	41—50	51—60	61—70	71—80		81—90	91—100

重症区　　　　　波动区　　　　　　安全区　　　　美满区

不太清楚：1 分或 5 分；确切知道：10 分；能够做到：20 分

第一个问题，男人渴望的四种爱，你缺少哪一种？如果你不太清楚，给自己打 1 分或者 5 分。如果你确切知道这四种爱，可以给自己打 10 分。如果你知道又做到了，那就是 20 分。

第二个问题，女人幸福的四大支柱，你缺少哪一项？很多人估计连四大支柱是什么都不知道，分数不会高。

第三个问题，爱有五个层次，你与他各在第几层？有的人就在最低的那种动物性的爱上；有的人是在精神的爱上，最后也被动物性拉下来了。有些爱情最后以悲剧收场，根本原因就是双方爱的层次不同。

第四个问题，掌握哪四种沟通技巧，才能让你的男神对你心悦诚服？有很多漂亮又知性的女性一处对象就遇到问题，为什么？"言值"不够。就是说话的技巧不太够，一聊天就聊散了。聊天都不会，还怎么"撩汉"呢？

第五个问题，爱侣中了爱毒，你掌握五步救治法了吗？比如夫妻中一个人出了问题，双方面临离异，还有办法抢救吗？很多人是慌了神，混乱中造成的灾难比灾难本身还可怕。很多的时候，本来一件事可以挽回，由于当事人处置不当，反倒造成了更大的损失。

通过对大量案例的分析，我们发现，如果一个人得分在1—30分之间，那她就处在重症区，出大问题了。得分在31—60分之间，她是处在波动区，可能会滑落到重症区，也可能到安全区，有点像疑似病例。得分在61—80分之间的人算是在安全区，虽然也会波动，但相对稳定。得分在81—100分之间的人，是在美满区，有美满婚姻的人基本上都在这个区域。

大多数人的测评分数是多少？可能很多人都不太相信，基本上在三四十分。

我们从小学开始，学了数学、语文、英语、物理、化学……学了怎么写作文，学了怎么画画……而和我们一生幸福直接相关的爱商，我们根本没学过。如何处理感情问题，也没人教我们。现在的离婚率居高不下，很多婚姻问题本来都是可以解决的，哪怕两个人中有一个人爱商较高，都不至于到离婚的程度。

面对这种现实，我们该怎么办？我们可以把爱商学到手，防患于未然。现在没出问题，是万幸；出了问题，我们也有应对的策略。

夫妻关系为什么少有美满

主婚人：查尔斯，你愿意娶戴安娜作为你的妻子吗？无论是疾病

或健康、贫穷或富裕、美貌或失色，你都愿意对她忠贞不渝直至生命
的尽头？

　　查尔斯：我愿意！

　　主婚人：戴安娜，你愿意嫁查尔斯作为你的丈夫吗？无论是疾病
或健康、贫穷或富裕、美貌或失色，你都愿意对他忠贞不渝直至生命
尽头？

　　戴安娜：我愿意！

　　领证或者婚礼的时候，我们也会像查尔斯和戴安娜一样，发出爱
的誓言。当时都说得好好的，也是真心的，那为什么后来变了呢？

　　因为，婚姻和爱情不完全等同。婚姻是个大概念，爱情是个小概
念。爱情加上另外九个方面才等于婚姻（见图3）。这九个方面分别是：
阶层，就是是否门当户对？你的性情怎么样？彼此是不是情投意合？

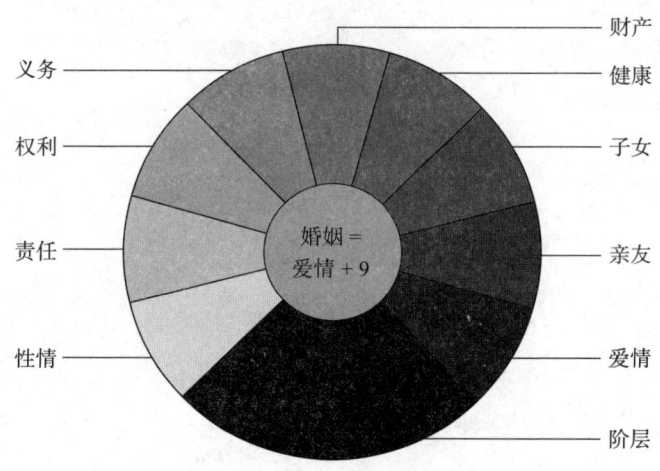

图3　爱情 +9= 婚姻

你有什么责任？你有什么权利？你要承担什么义务？财产怎么办？健康会不会受到影响？子女怎么办？亲友关系有什么影响？

总之，**爱情是浪漫的，婚姻是现实的；爱情是月亮船，婚姻是载重船。**乘坐月亮船的时候，只要两个人摇就行了。到了婚姻里，上述九大方面都要考虑，任何一方面出了问题，都会影响到婚姻。如果有爱商，处理这些问题就会游刃有余。

在引言的最后，我要感谢爱商导师团。我花了数年时间研发了"爱商"这门课程，并带出了一批爱商弟子。但我一个人的力量有限，我的这些弟子中的佼佼者组成了爱商导师团，他们已经在辅导更多的人成长，这是我们大家共同的事业。有了爱商，不但能使自己成长，能使自己的家庭走向更好的结果，而且能使这个时代变得更加美好。我希望有更多的人学习爱商、践行爱商、传播爱商，把这份爱传到世界各处去。

明心之爱篇

Love
Quotient

解码男神，构建玫瑰方城

费雯·丽，有倾城倾国之貌，很多人评价她美得简直不像凡间人物。她18岁，还是英国皇家戏剧艺术学院学生的时候，就迷倒了31岁的律师霍尔曼。费雯·丽和这个剑桥大学毕业的男人结了婚，生下了女儿苏珊。

后来，她在看舞台剧《皇家剧场》的时候碰到了劳伦斯·奥利弗，喜欢上了他，疯狂地陷入恋爱之中。苦恋四年之后，她的丈夫和奥利弗的妻子分别答应离婚，两人立刻结婚。结婚之后，两人合作过多部舞台剧作品和电影。任谁看，都是一对完美的情侣。但是火热的情侣，未必就是合适的夫妻。两个人到了一起，问题就出来了。极度的占有欲让费雯·丽变得神经质，经常疑神疑鬼，心想自己的丈夫这么好，可千万别让别人勾了去。发现有一点点问题，比如奥利弗和女演员走得稍微近了点，她就对他大打出手。奥利弗为了逃避妻子，长期在外巡回演出，在演出中还真和别的女演员擦出了火花。后来，与他合作的一个女主角琼成了他的第三任妻子。

费雯·丽的最后岁月是和演员梅里韦尔一起度过的。梅里韦尔倾慕女神十几年，是个备胎暖男。但费雯·丽无时无刻不在想念奥利弗，床头放的是奥利弗的照片，署名一直是奥利弗夫人。她有一幅珍贵的名画《玉女》，赠予的对象仍然是奥利弗。临死之前，费雯·丽还对记者说：如果人生可以重来，有两件事我确信不疑，一件事是我要成为一名演员，另一件事就是我一定要嫁给奥利弗。

看得出来，费雯·丽非常爱奥利弗，但悲剧就在这里。人生假如能从头再来一次，我断定她的人生还是悲剧。为什么？因为她缺少爱商，会越爱越受伤。她不知道男人到底要什么，只是在心中认定了"我就要你，你是我的"。学过"爱商"课程第一篇"明心之爱"和第五篇"巅峰之爱"，你就会明白，费雯·丽不了解男人的情感，而且只在短命的朦胧之爱和占有之爱间徘徊。大多数人和她一样，没有追求到真爱，真的是不明白。

男人的四大需求

那男人到底想要什么？有一本书写的是，男人需要的只是性。翻开书，发现一个字都没有，封面上已经写明白了。后来，有人模仿写了一本"女人需要的只是钱"。这是教人学坏，而且这不是事实。男人第一需要的不是性，女人第一需要的也不是钱，要不然有了性，有了钱，为什么还是有分手？这解释不通。

实际上，男人有四大需求。

男人的第一个需求是关爱，即有人给他呵护。男人需要有人疼他，这是他与生俱来的需求。因为从没出生开始，他就和女人在一起了。母亲怀胎 10 个月，她饿了，他就挨饿；她饱了，他也就饱了。母亲痛苦，他不好受；母亲在跟人吵架、在哭泣，他也会很悲伤。他和母亲同呼吸、共命运。等来到这个世界上，最关心他的还是母亲。母亲给他喂奶，洗澡，换衣服。

长大之后，他离开了家，离开了母亲，内心很失落，他很需要有人承接这份爱。妻子刚好可以扮演这个角色。他需要妻子的关爱、呵护。

男人的第二个需求是敬爱，即需要别人的仰慕。动物世界里雄性是争斗的动物，厉害的雄性能获得地位。

男人都想要做英雄，想要有人把他当英雄一样崇拜。在内心他会更倾向于崇拜他的人。

男人的第三个需求是恋爱，即初恋般的激情。这是基于荷尔蒙的一种反应，是一种说不清道不明的爱，这种爱往往来得特别凶猛、特别剧烈，越阻拦越厉害。这种爱是动物性的爱，如果不发泄出来，一直受到遏制，他就会一直冲动。我们从动物世界来看，为了性爱，很多动物送了命。其实人也是这样，男女之间，尤其是不谙世事的男孩女孩，很多都经历过那个阶段：要跟他走到天涯海角，离开身边的世界，爸妈不要了，工作也不要了。

但是，这种爱是短暂的。恋爱的正常时间是多少？如果不受到阻碍，激情期大概是 18 个月。所以家长经常会告诉自己的孩子，尤其是女孩子，恋爱不要谈到三年、五年，甚至七年，时间太长，激情过去，人就会变得现实，会开始纠结。看准人之后，要闪电式地爱，然后在婚姻的屋檐下继续前行。当然前提是，你得学好怎样看得准人。那好男人的判断标准是什么？怎样选择男神？怎样排除渣男？我们后文都会讲到。

男人的第四个需求是珍爱，珍爱就是藏品般的珍惜。什么东西时间越久人们越喜欢？一般是收藏品、古董，能保值、升值。还有一种，就是能不断焕发青春的东西。所以男人女人都需要保鲜，两个人需要互相珍爱。珍爱怎么来呢？需要双方不断地升级自己的美丽和魅力。

　　这四种爱其实代表了一个方城，就是由玫瑰组成的方城（见图4）。你是里面的玫瑰公主，要想让你的钻石王子留下来，就要用四种爱的磁力去吸引他。

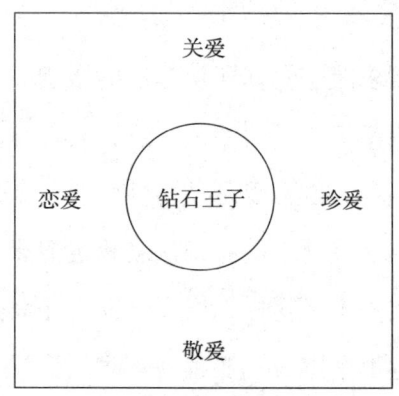

图4　四种爱组成的方城

　　方城里的东西应有尽有，他干吗还要出城？凡是双方之间出现第三者插足、感情破裂等情况，都是遇到了同样的问题：有一种爱缺失了，被别人乘虚而入。

　　有的男人说"世界这么大，我想去看看"，如果四爱俱备，你就可以很自豪地告诉他，"看什么看，姐就是世界"。尤其是时间长了，"珍爱"就显得特别重要。一个好男人、一个好女人，就像好书，读千遍也不厌倦。男人要学习，女人要学习，男人、女人都要成长，常变常新，才能是一本耐读的书。

那是不是四个方面都要达到 5 分才行？也没那个必要。这里有一个"5433"组合的概念，大家可以参考一下。就是说，对具体的男人来说，他都有自己的耐受区和不耐受区，他要的不是四个 5 分，而往往是一个 5 分，一个 4 分，两个 3 分，当然低于 3 分就可能会有问题。分析一下你爱的那个男人，做一个"5433"组合。

比如有些人有时候不要关爱，女人就可以在那段时间别管他太多，让他自由一会儿。

我们分析之后，就会画出一条线，这是自己爱人需要的（见图 5）。我们再看看自己现在给爱人的，也画出来一条线。画完后，有可能发现我们完全弄反了：他不需要的，我们给了很多；他需要的，我们没给到。那我们要怎么做呢？要紧贴他的需求线，稍微超出一点，这个是最合理的。

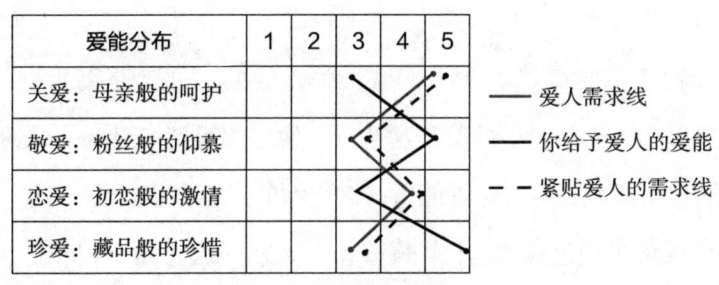

图 5　爱能分布线

女人的四种角色

我们在这个世界上都在扮演着某种角色，那么如何扮演一个既能发挥自己特长，又适合爱人需求的角色？现在，根据男人需要的四种爱，女人可以选择四种角色（见图6）。

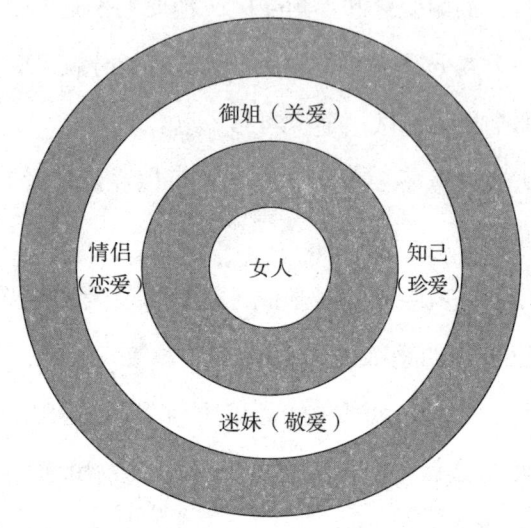

图6　女人的四种角色

第一种角色叫御姐。如果你擅长关爱的话，你就是御姐型的。现在很多姐弟恋，弟弟看中的就是这一点，他想要得到像母亲一样的关怀。小女生绝对不如大女生有这种能力，御姐型的女性懂事、疼人。

第二种角色叫迷妹。"小萝莉"和大叔在一起，很多时候，大叔的英雄情结满足了，更容易获得敬爱。

第三种角色叫情侣。情爱满满，始终处于恋爱中。让自己的荷尔蒙一直保持较高的程度，不断地增强自己的情趣，包括生理、生活上的情趣。

第四种角色叫知己。好的妻子、好的丈夫可以用一个词来概括，就是"知心爱人"。如果彼此心都不知了，生活在一起，那叫搭伙过日子，就不是爱侣了。老夫老妻应该是知己，一个眼神，一个动作，双方就已心存默契。

很多时候我们会在两种角色，甚至三种角色、四种角色之中游移。比如有的人就是能够既做御姐又做知己，有的人能既做迷妹又做情侣。如果这四种角色在需要的时候你都能做，那你就是"百变女神"。

怎么百变？我们看一下图7的曲线。幸福有第二曲线，这还是我们在商业研究中发现的。查尔斯·汉迪作为世界顶级的管理思想大师，他认为，一个组织、一个生命、一段情感的发展都是一条S曲线。虚线的曲线到达波峰之后必然下降，下降通常可以延迟，但不可以逆转。那怎么办？第二曲线提供了再次向上的机会，而最好是在第一曲线还没有向下的时候修建第二条曲线。我们可以看一下当年的腾讯是如何通过第二曲线度过危机的。

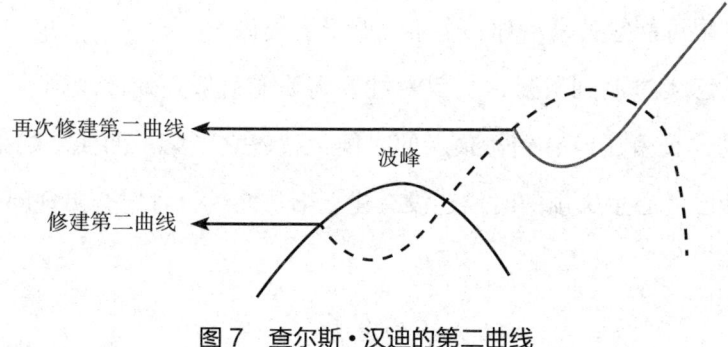

图7 查尔斯·汉迪的第二曲线

　　2010 年，腾讯危机四伏："3Q 大战"让马化腾心力交瘁；新浪微博风生水起，让马化腾感觉腾讯在社交方面的话语权要丧失了。于是他在这上面注入了极大的热情，腼腆的他，其实不太愿意和人交往，那个时候都开始亲自出面拉人开腾讯微博了。但是直觉又告诉他，战胜微博的，一定不是另一个微博。他派出三个团队去研究新路子，后来三个团队其中的一个——张小龙团队胜出了，微信于 2011 年 1 月 21 日正式上线。到了当年年底，微信的用户发展到了 6000 万个。到了 2012 年的 3 月 29 日凌晨 4 点，马化腾在腾讯微博发了一个六字帖：终于，突破 1 亿。这在互联网领域创造了一个奇迹。微信成为增长速度最快的在线通信工具。在线用户突破 1 亿，QQ 用了将近 10 年，脸书用了 6 年半，推特用了整整 4 年，微信仅仅用了 433 天。

　　是什么让腾讯发生了这样一个蝶变？就是这条第二曲线。第一曲线未转头向下的时候，第二曲线起来了，一定是发生了某件事，遇到了某个人。所以某件事发生的时候，你一定不要把它看成一个偶然的现象，很可能它就是给你一个第二曲线的契机。

　　从恋爱过渡到敬爱，从敬爱过渡到关爱，从关爱过渡到珍爱，都是当前这种爱还没有到达顶点的时候，就建立了第二曲线。如果到了顶点即已经心生厌烦的时候还没有建立第二曲线，肯定会出现问题。

四大护卫，永葆女神魅力

电视剧《我的前半生》中，33 岁的罗子君是个衣食无忧的家庭主妇。她在毕业后，就做了养尊处优的全职太太。孩子 8 岁了，接送吃饭都有保姆照顾。她一直以为自己是一个幸运的女人，不用面对工作压力，丈夫陈俊生英俊能干，儿子也乖巧懂事。她把婚姻和家庭视为全部，结果结婚 10 年，丈夫有了婚外恋，两人以离婚收场。

中国有"夫唱妇随""嫁鸡随鸡，嫁狗随狗"的说法，嫁给你，我就是你的人了，我可以放弃自己的一切，只为成全你。古代和现代也有很多所谓的"糟糠之妻不下堂"的故事，但常见的故事结局是，女性被迫放弃了工作，放弃了事业，失去了自己，成全了男方，当男方成功之后，爱情不在了；或者女性自愿把所有的希望、未来和情感都倾注到男方一个人身上，男方没了，她宁愿去死，男方不爱她了，她不知道该怎么办，罗子君就是这样的代表。那我们是否应该只谴责陈俊生负心？女性到底该不该"为爱失去自己"？

其实，"我养你"是最温暖的承诺，也是最危险的承诺。一个人如果把自己的幸福建立在别人的身上，那在爱情中犯的最大的错就是沦为对方的附属品。在爱情中要不要沦为对方的附属品？为了对方该不该失去自我？著名诗人舒婷有这样一首诗，叫《致橡树》，讲述了比肩而立、各自独立又深情相对的爱情观。

我如果爱你——
绝不像攀援的凌霄花，
借你的高枝炫耀自己；
……
我必须是你近旁的一株木棉，
作为树的形象和你站在一起。
根，紧握在地下，
叶，相触在云里。
……

你有你的铜枝铁干，

像刀，像剑，也像戟；

我有我红硕的花朵，

像沉重的叹息，

又像英勇的火炬。

……

仿佛永远分离，

却又终身相依。

这才是伟大的爱情，

坚贞就在这里：

爱——

不仅爱你伟岸的身躯，

也爱你坚持的位置，足下的土地。

诗人的观点是什么呢？如果我爱你，我必须和你并排站在一起，而不是维持像藤缠树这样的一种关系。诗人没有指出如何做才能并排站在一起，我们可以从爱商的角度看一看，一个幸福的女性，应该怎样处理"我与你"的关系。你为什么总担心失去爱的人？这是因为你爱得太过了，失去了自己。一旦失去了自己，你爱的也必然失去！

一个有爱商的女性不会高估自己和任何人的关系，而是要依靠情感独立、经济独立，以及永远升级的外在美丽和内在魅力（见图8）来保持自己生命的色彩。

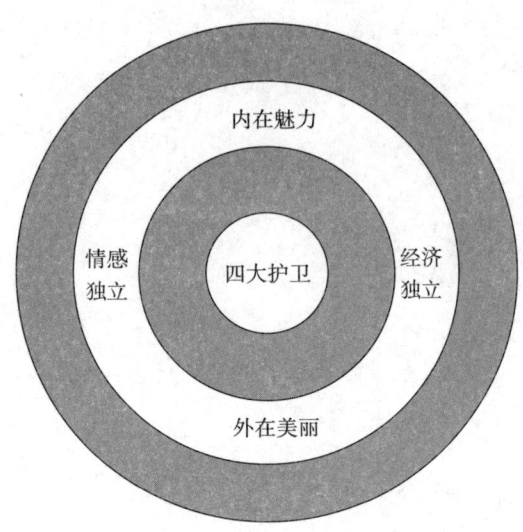

图8　四大护卫，永葆女性魅力

第一，需要情感独立，即要有精神人格。情感独立是指生命的色彩是丰富的。人如果没有精神人格，情感不独立，就容易把所有的幸福都建立在另一个人身上。一旦那个人有变，情况就会变得不可控。从男人的角度看，他们喜欢什么样的女人？通常都喜欢小鸟依人型的。但对女人而言，依人是有度的，小鸟失去了飞的能力，那还能叫小鸟吗？

比如，有位女士，人相当不错，这些年把自己的一切都放在了丈夫的身上，丈夫去世之后，她就一蹶不振了。她就没有做到情感独立。

第二，需要经济独立，即要有物质人格。不一定说要赚大钱，但是要做到起码的经济独立，能够养活自己。不能把自己的物质需求建立在别人的供养上，否则永远独立不起来。

第三，需要外在美丽，即要有形象人格。一见钟情，其实就是形象人格影响力的表现。在大前研一和渡边淳一的一些书中，男人一见钟情往往就是从第一眼开始的。女性一定要保持外在形象的美丽，哪怕是已婚女性，也不要认为形象是可有可无的，只把形象看成一块敲门砖是不行的，它永远是你生存的一个支柱。

第四，需要内在魅力，即要有气质人格。有些女性外在的形象很好，一旦近距离接触，就会发现有些索然乏味，没有内在的魅力。绣花枕头一个，没有内在魅力，也是不行的。

如果一个女人有了这四大护卫，她的生命就会坚强起来，更重要的是，她的魅力就会散发出来。个人的生活就由黑白片变成了彩色片。无论生命中发生任何变故，她都不会害怕。

而且有了这四种人格支撑的女人，男人会更爱她。因为作为附属品的爱，最多是珍爱。女人生命中有了四大护卫，就像生命的大厦有了四大支柱，男人这个顶梁柱就只是锦上添花，即使顶梁柱有一天撤走了，女人也能够独自支撑起自己美丽的生命。

我们可以对自己的这四大护卫做一个测评，画出线条来，如图9。图9中这位女士的精神人格为1分，物质人格为2分，形象人格为5分，气质人格为3分，说明她很漂亮、很出众，形象人格、气质人格都很不错，但是在情感独立和经济独立方面有欠缺，将来也会最先在这两个方面出问题。只有1分、2分，免疫力不够。这就有"招渣"的可能，也是产生悲剧的诱因。

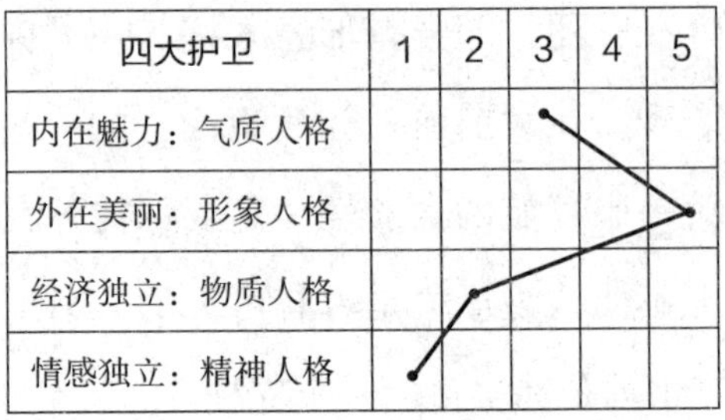

四大护卫	1	2	3	4	5
内在魅力：气质人格					
外在美丽：形象人格					
经济独立：物质人格					
情感独立：精神人格					

图 9　人格测评

　　其实，画出线条之后，这位女士就已经知道自己不足的地方在哪里了，接下来就要提升精神人格、物质人格。具体怎么做？我们后文会讲。

十字定位，四步关系进挪

史蒂夫·乔布斯，当年也是一个完美主义的直男了，出了名地对工作激情，对女人冷血，让初恋克里斯备受伤害。但后来，劳伦娜·鲍威尔不仅和他步入了婚姻的殿堂，还能让他在结婚20年后，写出那么柔情蜜意的情书，让他爱得不能自拔。

她是怎么做到的呢？尤其是初见的时候，是怎么让乔布斯对她一见钟情的？

1989年，乔布斯作为创业明星，受斯坦福大学的邀请做一个关于"高屋建瓴"的讲座。当时在校学习MBA课程的劳伦娜来晚了，工作人员说后面没有座了，让她坐到前面，结果旁边就是乔布斯的位置。乔布斯来了之后，发现旁边坐了一个美女，开始搭讪。劳伦娜说："你就是大名鼎鼎的乔布斯？我中了大奖。"乔布斯说中了奖，可是没奖品。两个人聊了几句之后，乔布斯开始了演讲。劳伦娜也是很有心的一个人，非常认真地听了乔布斯的演讲。

演讲结束之后，乔布斯本来还要出席销售团队的晚宴。但是在停车场的时候，他遇见了劳伦娜，然后他问劳伦娜想要什么奖。劳伦娜说，请她吃饭就是大奖了。乔布斯想了想，觉得劳伦娜非常不错，自己对她有感觉，就问劳伦娜现在就去吃饭好不好。劳伦娜答应了。两人在一个速食餐厅聊了4个小时，接下来两人度过了幸福的婚姻生活，直到乔布斯逝世。

结婚20周年的时候，乔布斯给劳伦娜写了一封情书。情书里有这样一段："20年之前我们相知不多，我们跟着感觉走，你让我着迷得飞上了天。当我们在阿瓦尼举行婚礼时天在下雪。很多年过去了，有了孩子们，有美好的时候，有艰难的时候，但是从来没有糟糕的时候……我们依然在一起，我的双脚从未落回地面。"

这封情书写得非常棒，这像乔布斯吗？太不像了。看来爱情的确可以改造人，一改造就是 20 年。这也说明，劳伦娜对爱这门学问的理解绝对是专业级别的。那怎么去规划爱？怎么由一见钟情变成天长地久，让你爱的那个人爱你，20 年之前让他飞起来到现在还不落地？下面我们就来看一下这个专业的手法：五大空序定位，四大时序 kino。Kino 其实是一个组合的英文词，英文全称为 kinaesthetics，意为身体的接触和由此引发的情感感知过程，简单来说，就是"进挪"。

五大空序定位

首先我们看空序定位（见图 10）。我们要爱，要爱得幸福，爱得长久。我爱他，他也必须爱我。

第一，钻石定位。你像玫瑰，你想找的那个男人就像钻石。你的婚恋目标是什么样子的，你清楚吗？你能够给他画个图像吗？有人说很简单，高富帅。但是"高富帅"并不是一个正确的标准，下文我们会讲到选择男人的六维标准。

第二，玫瑰定位。玫瑰定位指的是女人和男人在什么相对势位上去谈这场恋爱。是在最狼狈的时候和他谈恋爱呢？还是在最美的时候遇到他？这个非常重要。一个女人在任何时候都应该是美丽的，因为你很可能在不经意间就会和你的"乔布斯"邂逅了，而一见钟情就从那里开始。

当然，人在最辉煌的时候遇见对的人的机会更多，比如乔布斯，

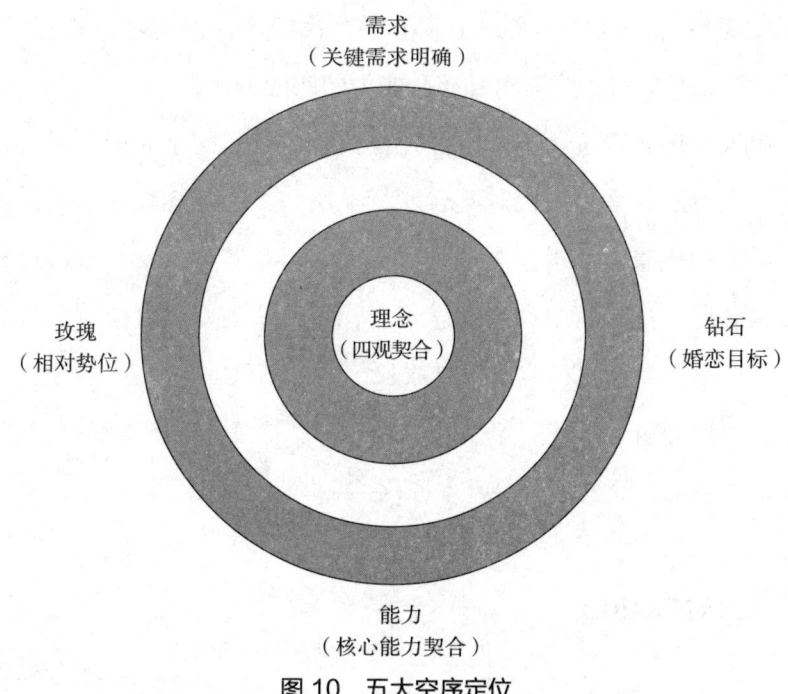

图 10　五大空序定位

他的势位很高的时候，追求他的人就会很多。你的势位很高的时候，比如你在一个社群里出类拔萃，是社群的领袖、核心成员，追求你的人也会更多。所以势位一旦定了，两个人定位配得上，那么就有了恋爱的可能。

第三，需求定位。前文讲了，男人需要四种爱，那哪一种爱是他的最爱？哪一种爱他最缺乏？你必须弄清楚，知道他的关键需求，然后和他的关键需求相对应。

第四，能力定位。你有很多能力，但跟他的关键需求没对应上，那这些能力就叫一般能力。核心能力就是满足他关键需求的能力。商业中的逻辑也是这样，客户定位准了，我们才好面对客户进行发挥。自我定位也是要讲关键需求和核心能力的匹配的。

第五，理念定位。这个定位处在核心位置。两个人的世界观、价值观、人生观和爱情观四观契合才行。这个核心理念代表了我们的初心、我们的愿景。如果理念偏了，男人认可我养你，女人也认可自己可以被包养，这不行。如果理念不合，男人认为女人就应该做自己的附属品，女人认为自己应该独立成长，这也不行。"三观"合了可以做战友，可以做事业伙伴，但是爱情观不合，就没办法把爱情进行到底。这是双方感情破裂的一个最基本原因。

四大时序 kino

为什么有的课听的时候觉得听得特别明白，但回去之后就是不会做？因为怎么做不是基于空序的，而是基于时序的。做事必须一步一步来。这就有一个时间顺序问题。能够开窍的东西，是空序结构来解决的；能够落地的东西，是时序结构来解决的。

四大时序 kino 分为四个步骤。第一步，视觉 kino。视觉 kino 是指，我的眼里只有你。第二步，听觉 kino。从"我的眼里只有你"到"说你说我"。听觉让彼此近了一步。第三步，触觉 kino。你牵着我的手，我牵着你的手，两个人关系又近一步。第四步，身心 kino。牵手能不能牵到底，看两个人是不是心相连（见图 11）。

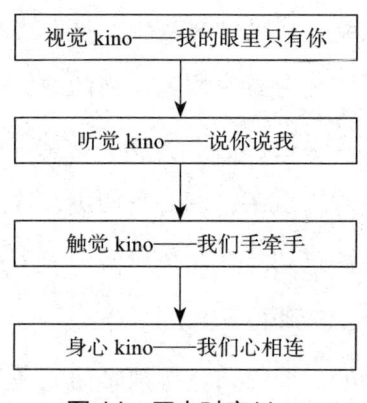

图 11　四大时序 kino

到底有没有一见钟情呢？我们在小说里读过，在电影里看过，也听人家讲过。明确地说有，真有一见钟情。只不过通常人们都把它看作偶然。

美国著名的感情问题专家莉尔·朗兹写过一本书《如何让你爱的人爱上你》，讲到研究者花费了 2000 多个小时坐在单身酒吧，认真观察男女在求偶过程中的每一个细节，发现了男女情感发展的规律。书中把这个规律当成舞步，就像跳舞一样，在恋爱过程中舞步全都对了才行。你进我退，我退你进，我左转，你右转，一步一步都做对了，就可以上演一场一见钟情的好戏。如果其中任何一个人的任何一步走错了，那恋爱游戏就会 game over（结束），然后从头再来。有些人就是踩不上这个点，没办法进行下去。

恋爱是双人舞，舞盲就是小白鼠。生命有限，做小白鼠一次两次还行，时间长了，就人老珠黄了。

我们通过四步进挪来看一下一见钟情是如何实现的。

　　第一步，视觉 kino。一见钟情起步于见，当男女处于可见距离的时候，其中一位会以微笑、点头或者注视的方式，让另一位知道他的存在。同样，另一个人也会回馈以同样的视觉方式，这一步就算做完了。你对我点头，我对你点头；你对我微笑，我对你微笑；你对我注视，我对你注视。要注意的是，这个时候别停下来，停了关系就要重新建立。一定要马上过渡到下一步。

　　第二步，听觉 kino。要说话，哪怕是简简单单地说个"你好"都可以。如果在打招呼的过程中，双方都有转身，并且微笑，就可以加分了。微笑是非语言的信号。一个人说了："你好，我是×××，请问你贵姓？"如果对方拒绝回答这个问题，这舞步就跳不下去了；如果对方回答了，就可以谈下去。谈来谈去，就谈得比较投机了。

　　第三步，触觉 kino。可以发生身体的触碰。如果说视觉的信号强度是 3，听觉的信号强度是 5，那身体接触的信号强度可以达到 10 以上。也就是，轻轻一触，电流导入。当男士把纸巾递给女士的时候，轻触女士的手的时候，扶女士起身的时候，掸掸女士外套上的灰尘（注意，这是轻轻的，不是重重的，轻轻的就是情人，重重的就是哥们儿）的时候，女士对这些轻微触碰如何回应，就决定了两个人接下来能不能互动下去。如果女士变得僵硬或者躲开了，男士就感知到一个拒绝的信号。那么关系或者就此止步，或者还得从视觉 kino 再来过。其实男女之间经常有这个误会，有的时候只是紧张，不是拒绝，但通常会被理解为拒绝，这就是为什么很多男女关系始终没有进展的原因所在：没有发生身体的接触。

如果在这个阶段上又出现了一个良性的信号，就是双方同步，比如两个人同时去拿桌子上的杯子，两个人同时随着音乐点头或晃动身体，或者两个人同时转向服务员，甚至相视一笑，这个时候关系就会不断接近。也就是：同步一旦出现，同心随之而来。

第四步，身心 kino。两个人心连着心。两个人如果一见倾心，最好的应对方法是什么？就是袒露真心。每个人都有最柔弱的地方，都藏着一些秘密，暴露给外人是要冒风险的，而一旦愿意分享不为人知的悲喜苦乐，那就是一见如故，相见恨晚，两人会产生一种亲密感。真心被接受，倾心就不远了。

在费雯·丽和罗伯特·泰勒主演的经典影片《魂断蓝桥》里，我们就可以看到男女之间是怎么样四步进挪的。

1914 年第一次世界大战期间，英国青年军官上尉罗伊·克罗宁正站在滑铁卢桥头上。空袭警报响了，人们慌乱地向防空洞跑去。在嘈杂的人群中，几个女孩来到了桥头，问罗伊是不是空袭警报，罗伊回答是，并给她们指了指防空洞的方向。在慌乱中，女孩之一的玛拉手里的东西掉了，于是她蹲下去捡东西，罗伊也蹲下去帮她捡。罗伊让她赶紧走，但是玛拉的吉祥符掉得比较远，伸手去捡的时候，一辆马车驶过来，眼看要撞到她了，罗伊一把把她揽起来，说："你这个小傻瓜，不想活了？"玛拉说："不能丢这儿，它带给我运气。"罗伊带着她跑，说："它带给你空袭。"玛拉边跑边问："你揽着我跑，你太不像军人了吧。"罗伊说："没关系。"

　　防空洞里人很多、很吵，外面还不断传来爆炸声。两人一边听别人说话，一边看对方，然后彼此相视一笑。人群拥挤起来，罗伊撞到了玛拉身上，跟她说对不起。玛拉还开玩笑说："很挤，是吧。"这时一颗炮弹又响了，防空洞里一亮一暗的，玛拉又开玩笑地说："嗯，这颗扔得很近。"罗伊说靠墙边人好像少一点，建议两人挤过去。玛拉同意了。在挤的过程中，很自然地又有肢体接触。

　　到墙边之后，罗伊想要抽烟，就问玛拉是否在意，玛拉说不在意。罗伊问玛拉是否抽烟，玛拉急忙摆手。然后罗伊开始问起玛拉的身份，两人聊起了芭蕾舞和战争。玛拉小小地吹嘘自己的专业舞蹈动作，罗伊表示很欣赏。玛拉说自己今天晚上就有表演，罗伊说自己明天就要去法国。警报解除之后，两人边聊边往外走。这里双方已经产生了好感。分别的时候，玛拉把自己的吉祥符给了罗伊。

　　罗伊大为感动，接下来，罗伊把自己和上司的约会推掉，去看玛拉的芭蕾舞。

　　他们俩的四步进挪可以说非常明显。先是在桥头遇见，问话，回答；然后帮忙捡东西，有肢体接触。玛拉并没有排斥这种接触，还跟他开玩笑，说跑起来是不是不太像军人。到了防空洞里之后，这种进挪又来了一遍，更加深了彼此的好感。

　　所以说，爱情是个技术活。

　　我在课堂上常被问起的一个问题是：女人在感情上应该主动还是被动？我通常会反问：要看你是做猎物还是做猎手？做猎物，就甘做命运之靶；而做猎手，就掌握命运之枪。

爱是不断创造一个新我

女性怎样保持自己的魅力？爱自己。爱自己不是始终不变，而是不断创造一个新我。如何创造呢？

第一，延缓。延缓是什么？珍爱自己。很多女人一旦结了婚就不爱自己了。她们爱先生，爱孩子，把身心全都放到家庭上，以为已经找到了丈夫，就是进入了安全地带，结果危机不请自来。

那怎么爱自己呢？首先，视自己如婴孩，也就是说，怎么爱孩子就怎么爱自己。如果有人欺负孩子，母亲会不高兴，会跟那人拼命。但她们被欺负了，却忍了。忍是一种最不好的行为。被欺负了，应该去解决问题，解决问题就要沟通，沟通需要技巧。当然这些内容我们会在后文详细介绍。其次，视自己如父母。面对父母，我们会让着他们，会关怀他们，把自己当成父母一样去对待吧。

第二，由硬到软。婴儿出生的时候是特别柔软的，越长大越硬，离开人世的时候更是直挺挺的。由于社会角色，我们也会让自己越来越硬，让自己坚强起来，这是很正常的，但是坚强不是逞强，不是一味刚强。我们其实也是有着柔软内心的普通人，可以用柔韧的姿态应对这个世界。

第三，由冷变暖。年龄越长，人就变得越理性、越冷酷，对男人和女人来说，这都是致命的问题。人对别人表达出来的温度和人的生理温度是一样的。日本长崎大学医学博士石原结实指出，人体体温保持在 36.5~37℃时，身体的各项功能最为活跃。体温下降 1℃，代谢率就会下降约 12%，免疫力也会下降 30% 左右。很多时候，人太冷了，心也跟着越来越冷。而且冷是可以循环影响的，我冷淡你，你冷淡我。我们要做的就是，让自己暖起来，把这个循环逆转过来，变成由冷到暖。

慧眼之爱篇

Love
Quotient

婚恋六合，选中幸运之马

　　获第 92 届奥斯卡金像奖最佳影片提名的《婚姻故事》，讲述了戏剧导演查理和女演员妮可因为理念不合导致彼此渐行渐远，最终两人决定离婚的故事。

　　这对夫妇，外人看来特别好。彼此对对方的评价其实也不错。丈夫评价妻子，说她平易近人，擅长照顾别人的情绪，待人有礼貌。妻子总是忘记关闭橱柜的门，却能给一家人剪头发。而且她是他最喜欢的女演员，演技非常棒，成就了他这个一直没有出名的导演。

　　作为妻子的妮可，评价丈夫冷静且无所畏惧，但过于执着，工作井井有条，考虑周全，却总是沉浸自我。虽然冷静，却不善于社交。丈夫是自己最钦佩的导演。

　　在戏剧事业这方面，两人合作非常愉快，但家庭琐事这把杀猪刀，让一对恩爱的夫妻离婚了。

日常琐事是怎样影响他们的关系的？在你的生活中是不是也经常会发生这样的事情？很多人说夫妻"床头吵架床尾和"，其实不是这样，情绪日积月累，总有一天会全面爆发。

夫妻矛盾的根源：大小三观不合

夫妻之间本来很恩爱，但是在一起之后发现，越了解越走不到一起，这是为什么呢？

我们看一下图12，先看左边的三观，这叫大三观。通常我们说三观不正，指的就是世界观、价值观、人生观这三观出现了问题。世界观就是对世界的看法，价值观就是我们衡量是非曲直，衡量有没有价值的一个尺度，人生观就是对人生的基本看法。那爱情观和这三观是什么关系呢？其实，这三观作为基础，形成了爱情观。而正确的爱情观又包括三点，我叫它小三观。

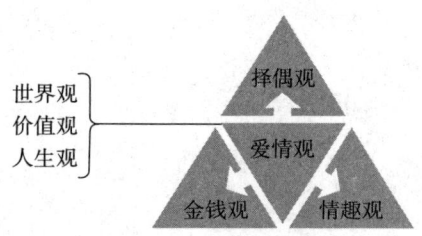

图12　大三观与小三观

第一个是择偶观。我要找一个什么样的男人或者女人？我们通常都说找一个好男人或者一个好女人。那好男人和好女人都有什么标准？没有标准的话，就是瞎猜。最后猜来猜去，标准不对或者不清晰，结果错过了男神女神，迎来了渣男渣女。

第二个是金钱观。也就是双方怎样对待钱财？这一点很重要。爱情好有一比，像诗；婚姻也好有一比，像应用文。应用文和诗不一样，要落地，不能把诗当成应用文。光谈情说爱不行，应用文还会和物质发生关系。爱的小船到婚姻里就变成了一艘载重船，要承载物质。

所以要先了解双方怎么看待钱财这个问题。比如钱有多重要；钱是否重要过两人之间的情感；如果赚到了钱，怎么分配，怎么花；如果家里亏钱了，怎么处理；等等。这些都要有一致的观点，否则就会发生纠纷。有很多政治、商业的联姻，一方借另一方的势力、财力，走向仕途，走向商场，其实就是为钱、为势而结成的婚姻，这种叫利益夫妻。利益夫妻没有情感维系，关系一般也很难稳固。

第三个是情趣观。很多离婚案例都是由小事引起的。这些小事包括了什么，怎样让双方对待小事的观点一致，其实都可以归到情趣观。比如两人都觉得健康重要，都喜欢旅游，都爱好读书，都愿意多交友，这就很一致。如果你爱读书，我爱交友；你爱出去旅游，我愿意宅着；你特别喜欢看足球比赛，我喜欢看肥皂剧，那可能就会不断产生冲突。

遇到这些问题怎么办？两个人要主动向对方靠拢。我在享受我的情趣的时候，也能够照顾到你的情趣。如果你原来不理解爱人的情趣，觉得没意思，其实可以尝试一下，说不定就能发现新的乐趣。即使最终还是不喜欢对方的情趣，但是在尝试的过程中，二人的感情也会越来越亲密。

如果以上小三观相合，夫妻的矛盾从根本上就减少了。

婚恋六合

那女人到底应该找什么样的男人？爱商告诉我们，要找符合六条标准的男人。这六条标准加起来也叫"婚恋六合"（见图 13）。

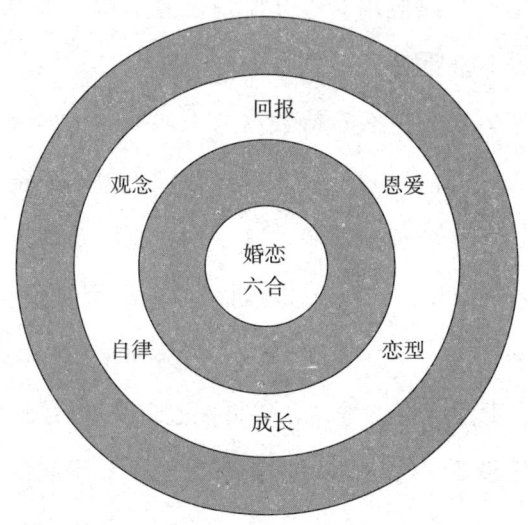

图 13　婚恋六合

第一条标准是回报。我们付出了爱，同样需要唤回这种爱，需要别人的爱。如果你付出爱，别人不给你爱，那就是没有回报。所以这条标准是指爱情的回报率，也就是看回报指数，是否值得你投入。这点如何判断？可以看一看他的过往表现，看他有没有回报帮助他的人。

在还不了解他的时候，可以通过聊天，问问谁曾经帮助过他，他回报过谁？如果他有感恩之心，往往会讲出他是怎么回报别人的；如果他没有感恩之心，会讲不出来，甚至还会说，他这辈子就没遇到过贵人，遇到的都是小人。要特别注意，不断遇到小人的人，身上可能有"招小人"这种特质。而且往往说这种话的人是从来不会感谢别人的，总是恨别人。这种人已经中了爱毒。

不要以为他不回报别人，会回报你，因为他爱你。这种人既然不能回报别人，从来都是占了别人的便宜就跑，也是不会回报你的。

其实感情也是一个投资的过程，如果只是"剃头挑子一头热"，最后热的那一头也得凉。

第二条标准是成长。你在嫁给他的时候，他处于人生中的什么状态？是向上还是向下？比如他那个时候恰好已经走到高点，接下来是往低点去，不会再成长，你们当时是合适的，接下来你会往上发展，他还是原地踏步，或者一直往下发展，两人就会渐行渐远。所以要看他的成长指数。

成长指数也很容易观察。不爱学习的人到了一定程度，比如事业有小成，就不再努力了，或者小富即安，慢慢地就会怎样上来又怎样回去。一个不断成长的人肯定是不断学习的人，他会不断地汲取新知识、新营养。如果不能吸收新的营养，无论是男人还是女人，都会慢慢变得面目可憎、语言乏味，就会被淘汰。和这样的人在一起，将来就算将就他，依赖他，他也是靠不住的。所以需要找到能够不断成长的人。

第三条标准是观念。三观要一致。不仅世界观、价值观、人生观要一致，择偶观、金钱观、情趣观也要一致。也就是要注意对方的观念指数。

　　第四条标准是恋型。恋爱是有类型的，你的类型是 a，我的类型是 b，两个类型正好相配，就是最棒的恋型。恋型指数要一致才行。两个人有矛盾，有的时候就是因为恋型不一致。有时候我们会听人说性格不一致，其实那就是恋型不一致。有的人在外面性格也不错，很受大家欢迎，但就是跟另一半矛盾很多，可能就是因为两个人的恋型不一致。

　　第五条标准是自律。一个人自不自律是很重要的。需要靠别人管、不能自律的人，不是好伙伴。万恶起源于不自律，几乎世界上所有的坏事都起源于不自律。

　　遇事不反省自己，总是指责别人，也不行。家里遇到点事，男的就说："老婆，这是你的问题。"女的说："行了吧，老公，这事就是你的问题。""我娶了你，我算瞎了眼了。""我嫁了你，我算倒了八辈子霉了。"

　　不知道反省自己，也不自律，放纵自己，就会堕落到动物性，怎么舒服怎么来。能够约束自己，才有了人性。而能够约束自己到一定的程度，甚至把约束自己当成一种乐趣和习惯，那就有了神性。

　　第六条标准是恩爱。恩爱在这里指知道爱别人，就是能够给别人温暖，一事当前先替对方着想。这个跟自律正好是一体两面，一个是要求自己自律，一个是关爱别人。动物性是不关心别人，只关心自己；人性是反省自己，关爱别人。

　　爱是一切善事的起源，万恶起于不自律，百善生于爱及人。自律和关爱都有了，这个人不会坏到哪里去。

学了"爱商"课程的人，自己会变得越来越柔和，不再苛刻地要求别人，对别人关爱有加，会让别人如沐春风，这是一切关系的基础。这六条标准也可以作为交朋友的标准，作为寻找合作伙伴的标准。

我们和爱情伴侣的标准差在哪里，有一个简单的测试办法，就是画出来两条线。实线代表女士，虚线代表男士。（见图14）自己逐项打完分之后，就知道问题出在哪里，差距在哪里了。

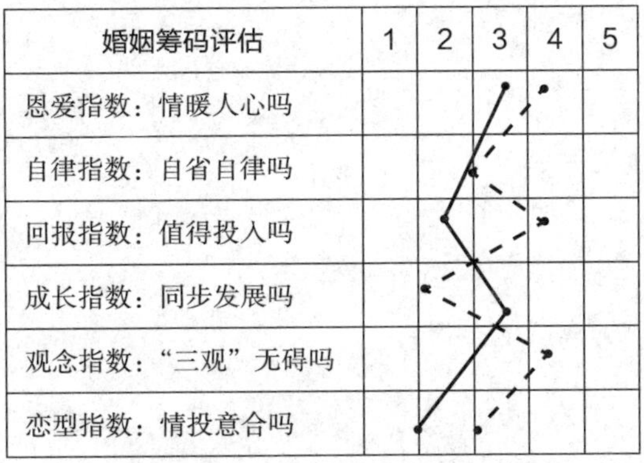

婚姻筹码评估	1	2	3	4	5
恩爱指数：情暖人心吗					
自律指数：自省自律吗					
回报指数：值得投入吗					
成长指数：同步发展吗					
观念指数："三观"无碍吗					
恋型指数：情投意合吗					

图 14　婚姻筹码评估测试

我们找的，也不一定是每一项分数都特别高的人，而是适合自己的人。我们要找的不是那匹千里马，不是那匹汗血宝马，而是一匹适合自己的马。这六条标准合了，才能百年好合。

识别渣男，维护情感安全

柳州女孩黄某祯和谭某正谈了恋爱，谭的性格很糟糕。两个人经常发生冲突，闹矛盾，后来女方要分手，但是男方死活不同意。2016年7月9日，谭某正找到小祯的父亲黄某生，说找不着小祯，能不能打电话让她跟自己见面？黄某生说："她不和你见面，我有什么办法？你们既然不好就分开嘛。"谭不走，在黄家纠缠，他认为是黄某生促成了分手这件事。从上午一直待到下午4点多钟还没见到黄某祯，他就暴怒，杀了黄某生，并对其尸体进行了肢解。后来，谭某正自杀，没有成功，被送到医院，之后被警方逮捕。

有一首歌唱道"只是因为在人群中多看了你一眼"，黄某祯的案例，可以叫"只是因为在人群中错看了你一眼，从此就越过越惨"。招惹了这样的兽性男友，那就不但是恋爱婚姻的问题，而且是生命安全的问题。

那如何防范渣男？怎么去识别渣男？这都是女性需要去学习的。这是女性进入爱情世界，步入婚姻殿堂的一个前提。如果识人不清，找了渣男，结果就会很难收拾。女方即使发现对方是渣男，想要分开，他也会死缠烂打，如果女方还留有余情，那就会被一直纠缠下去。所以在最开始的时候，女性就要通过识别或防范渣男来保证自己安全。

四种渣男类型

渣男一般有四种类型（见图15）。

第一种类型叫暴力渣。谭某正就属于暴力渣。这类人不会用讲道理的方法解决问题，他们要么动拳头，要么动刀子。蛮力依赖者、不讲道理者，是渣男的典型标志。

第二种类型叫搏命渣。搏命是以死威胁，你要是不嫁给我，要是不和我好了，不是你死就是我死。

第三种类型叫负心渣。负心渣专门玩弄女性，根本不尊重感情。负心渣男的典型，就是胡兰成。

胡兰成一生八次婚娶，更有无数暧昧和一夜情对象。18岁娶了第

图 15　四种渣男类型

一任妻子玉凤。他当时对婚事很满意，说："千万年里，千万人之中，只有这个少年便是他，只有这个女子便是她，所以夫妻是姻缘。"

可是，等到玉凤过了门，他开始嫌弃她。从外地工作回来时，孩子已周岁了，玉凤将怀中的孩子递给他，一边欢喜不已，一边柔声说："爹爹回来了！"胡兰成在《今生今世》一文中写道："好生不惯，而且不喜，惟因见玉凤那样得意，我才不得不抱一抱，马上就还了她。"玉凤死时，儿子阿启年仅4岁。

第二任妻子是全慧文，生了两男两女，后来得了精神病。第三任妻子名叫应英娣，生了两男两女之后也得了精神病死去。可见这些痴情女人经历了多少委屈与伤心。

广为人知的故事，就是胡兰成与张爱玲的倾城之恋了。张爱玲当时写了一部小说《封锁》被他看到了。他迫切想要见到张爱玲，一睹才女风采。但张爱玲自闭成癖，不想见客。胡兰成从门下塞了一张纸条，写上了自己的姓名和地址，张爱玲居然给他回了电话，见面之后，张爱玲不知中了什么邪，给了胡兰成一张照片，背面写着："见了他，她变得很低很低。低到尘埃里。"

胡兰成得意地说："我已有妻室，她并不在意。再或我有许多女友，乃至携妓游玩，她亦不会吃醋。"

后来胡兰成逼迫应英娣离婚，与张爱玲结婚了。两人写了婚书，一共四句：

胡兰成张爱玲签订终身，结为夫妇，愿使岁月静好，现世安稳。

上两句是张爱玲撰的，后两句胡兰成撰。

结果是：岁月不静好，现世不安稳。因为胡兰成不久就爱上了护士小周，张爱玲要他在自己和小周之间做选择，胡兰成不肯。

张爱玲问："你与我结婚时，婚帖上写现世安稳，你不给我安稳？"

张爱玲下决心与这个负心男结束关系。她写了一封信。她随信附上30万元，那是新作的全部稿费。这个渣男了得，最后还得到了张爱玲的柔情。

张爱玲说："因为懂得，所以慈悲。"

胡兰成却说："我与她亦不过像金童玉女，到底花开水流两无情。"

张爱玲是何等聪明之人，但是遇到这种渣男也栽了。

这种渣男的特点是什么？死缠烂打。赖汉能娶到仙女基本上都有这个特点。行话叫作头期、二期、三期、四期，把你搞定。头期搞不定，蹲在你家门口，继续不要脸地纠缠。女人开始感到特别厌恶，慢慢就会心软，开始想，哪有一个男人对我这么好过，所以就答应了，结果婚姻变成悲剧。

　　第四种类型叫软饭渣。软饭渣指的是吃软饭的男人。软饭渣的特征就是借助女人生存，以此作为基本的谋生手段。

　　有这样一个案例，35 岁的王海在交友网站注册后，在与女性交往中，以过生日等虚假理由为由向对方索要礼物钱财。两年间有 8 名女性上当。王海骗取财物共计 46 万余元。

　　他就是利用了社交上的礼尚往来原则，先送给女士们知名品牌礼物，当然了，都是水货。比如认识丽芳后，王海提出要送给她一个普拉达的包作为定情信物，给她发送了与朋友商谈从香港代购包的聊天截图。随后，王海对丽芳表示："我都给你送包了，你是不是也应该送我点礼物做定情信物？"丽芳想想也有道理，要送他一个挂坠，王海立即回应："你觉得像我这种人会戴项链之类的东西吗？""我 3 月 12 日生日，你就送我个欧米茄的手表吧！"随后王海主动发给她价值 7 万多元的欧米茄手表的图片，并表示：这块表作为生日礼物，以后结婚时的礼物就不用买了。丽芳说手里没有那么多钱，就先给了他 2 万元。王海吃定了她，立即以分手要挟，丽芳为了感情就同意了。

　　我们可以肯定地说，如果一个男人总向女人索要钱财，百分之百是渣男，不用抱有幻想。这些人心特别硬，他是在和你打心理战，就是为了让你有点幻想。

四大方法识别渣男

智商不差，情商也不差，掉进爱情陷阱里的"猎物"，都是因为缺乏识别力。

那我们怎么识别渣男？可以通过听其言，观其行，识其友和品其性四种方法来识别。表2上半段可做观察品评，下半段是验证。把识别渣男技术化，工具化，这就是爱商领导力的一个特点，可以维护情感安全。

表2　防渣评价系统表

防渣评价系统	1	2	3	4	5
暴力渣：蛮力依赖					
搏命渣：以死相胁					
负心渣：轻言寡诺					
软饭渣：不思进取					
听其言：甜蜜谎言					
观其行：避实就虚					
识其友：良师益友					
品其性：自爱爱人					

第一种方法，听其言。就是看他怎样说话。一般来讲，像这些渣男，为什么会接触到一些比较优秀的女性？因为他对人好的时候，是真好，特别会来事儿，会说甜言蜜语，但都是假言假语。

第二种方法，观其行。比如他说爱你，但从来不动真格的，甚至连顿饭他都不请。为什么？他本身就有可能是来蹭饭的。

第三种方法，识其友。如果用第一种和第二种方法都没识别出来，可以通过第三种方法"识其友"来判断，基本上一判断一个准儿。识其友就是看他有什么样的朋友。好男人都有好朋友，这是肯定的，有良师益友在他身旁，这个人也坏不到哪儿去。但是渣男基本上没朋友。你问他的朋友，他从来不给你介绍，甚至连家人都不让你见，这就非常可疑。

第四种方法，品其性。即看这个人是不是自爱，是不是爱别人。能够自爱自律，能够爱别人，基本上可以判定其是好男人。

渣男的特点：自我的 B 面是自毁

有一些人以自我为中心，一切以自己的好恶为准。至于别人喜欢什么，想什么，他都不管。我想要我就去要，我必须要，不管是谁的东西，只要我想要我就要拿来。

比如追星的杨丽娟，她从 16 岁开始痴迷刘德华，一定要和刘德华搭上关系。为此家里卖了房子，父亲卖了肾，供她去追星。后来她和刘德华见面了，但是她父亲对刘德华大为不满，认为我女儿追你这么长时间，你也太没良心了，你见了她，没有好好待她，对她也不热情。

杨丽娟的父亲还因为这件事投海自杀，他不怪自己的女儿，反而怪刘德华。

如果你真想追上刘德华，必须知道自己是谁，与刘德华是不是般配。你和人家差得太远，可你不自察，那你就太过自我了，自我的另一面就是自毁。

有些女人总抱怨命运不公，其实，遇见男神，或者遇见渣男，都是遇见自己！

还有一种人，非常自主。自主的另一面其实是自强。什么意思？我们看董竹君的例子。

董竹君13岁那年，因为父亲病倒，她沦落青楼，遇到了革命党人夏之时。因为他到上海办事，为避人耳目，经常出入青楼会谈，一来二去就认识了董竹君。董竹君也为夏之时的风度所折服，两人日久生情。

但问题是，一个青楼歌妓是否攀得起爱国人士。董竹君想得很清楚，夫妻之间只有人格平等才有幸福可言。夏之时要赎她出青楼，和她结婚。董竹君说不用他赎，否则将来有一天他会说，"你是我买来的"。她自己想办法从青楼脱身。结婚之前，她与夏之时约法三章：第一，我不可以做小老婆；第二，我和你共同治家；第三，我要到日本去留学，因为我的学识不够，将来和你走不到一起去。多少和她一样懵懵懂懂的女人自甘沦落的时候，她抓住了上天给她的这个机会。

从日本回来之后，夏之时做了四川都督。1919年，夏之时在四川派系斗争中错跟了人，被解除了公职。于是他吸食鸦片，脾气越来越坏，对董竹君也不好，经常会怪她的出身。董竹君生了四个女儿一个儿子，女儿和男同学去玩，他也骂女儿，说她们跟妈妈一样，教养不好。1929年，董竹君提出离婚，夏之时不同意，说给她5年时间，看她能不能混出个模样来。

与这样的男人相处，两个最常用又最没用的办法：一是讲道理；二是发脾气。

董竹君什么都没说，自己出来做事。得贵人相助，创办了锦江小菜。这个川菜馆做得相当不俗，装修很好，味道也很好，上海的军政大员都喜欢去，连黄金荣、杜月笙也捧场。锦江小菜就是后来捐献给国家的锦江饭店。董竹君后来当选全国政协委员，受到周恩来总理的亲切接见。

想改变命运，可以学学"爱商"课程，提升自己的能力。虽然你不是公主，但是如果你抬起高贵的头，命运就会把你的王冠献上。

有的人说，来日方长，我为什么要现在着急去学"爱商"课程呢？我现在有生意要做，有家庭要管。

但其实来日并不方长，我们已经浪费了大量的时间。图16列出了大家的生命使用说明书。可以参考一下，提高紧迫感。

假如你寿命是80岁，按一年365天计算，一共能活29 200天。其中睡觉按20年计算，这已经算少的了，因为人一般一天睡眠8小时，占1/3的时间。这里我们按占1/4的时间计算，即7300天。学习时间按16年计算，5840天。吃饭按6年计算，即2190天。穿衣、梳洗、上班按10年计算，即3650天。生病或倦怠7年，即2555天。休闲、娱乐、交际11年，即4015天。只剩下10年，3650天。

寿命 80 岁，总计 29 200 天，一生用途：

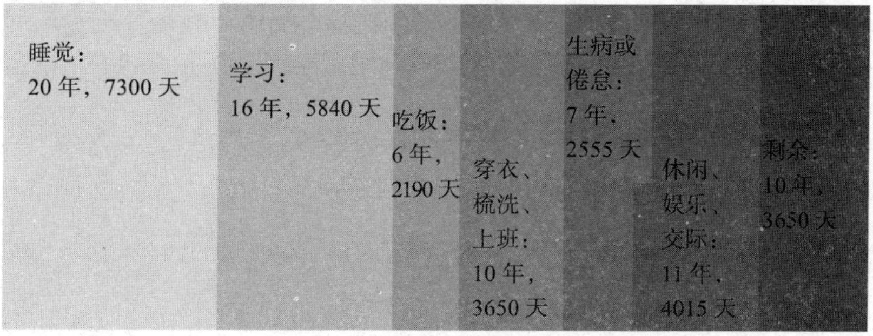

睡觉： 20 年，7300 天	学习： 16 年，5840 天	吃饭： 6 年， 2190 天	穿衣、 梳洗、 上班： 10 年， 3650 天	生病或 倦怠： 7 年， 2555 天	休闲、 娱乐、 交际： 11 年， 4015 天	剩余： 10 年， 3650 天

图 16　生命使用说明书

所以学习要趁早，越早学习越好，且要活到老、学到老。每活一天都要是充实的一天。你来到这个世界上，如果只是老老实实地活着，跟没来过差不多。生命必须是用来燃烧的，要不然，窝窝囊囊活一生，不仅自己活得不漂亮，世界也没被照亮。

恋型适配，预见婚姻走向

小于是一个上得厅堂、下得厨房的女人，大郝下了很大功夫追求她。两人结婚后，大郝对小于的关怀无微不至，可就是有点关爱过度。小于下班晚了几分钟，他就要刨根问底，问她跟谁在一起。而且他经常到小于单位去监视。他的口头禅是："我已经活得没有自我了，你就是我生命的全部。"

有一天小于有事下班回家晚了点，第二天大郝就去单位接人了。还跟小于单位的领导吵了一架，让小于颜面尽失，回到家俩人大吵一架。

接下来单位派小于到上海分公司培训 10 天，大郝每天都至少打三个电话给小于。因为培训紧张，有时小于接电话不及时，大郝居然从广州飞到上海，还买了 99 朵玫瑰带到课堂上。他后来承认，这是借机侦查。这件事弄得单位风言风语，两人心里也都落下了阴影。小于对大郝的态度由热变冷。工作上很佛系的大郝，总是牵挂妻子，在家借酒浇愁。酒后的他更是牵挂，还经常偷看小于的手袋和手机。

面对让人窒息的关心，小于越来越受不了，提出了离婚。大郝很不明白：我对你那么好，你不领情就算了，为什么还要和我离婚？

在婚恋关系中，我们经常会遇到这样的问题：真心对他好，他却不领情；两个人结婚前恩恩爱爱，可到了一起过日子时就变成了冤家，别别扭扭的。

我们很多时候把这些情况叫作性格不合。其实这是外行话。我们跟单位的人在一起，跟朋友在一起，未必性格都合，那为什么还可以友好相处呢？其实，相爱的人在一起，不是一般的性格问题，而是恋爱的类型问题。双方恋爱的类型不一样，就爱不到一起去，相爱之后反而受伤。

恋爱的四种类型

那恋爱的类型有几种呢？具体来说，有四种（见图 17）。

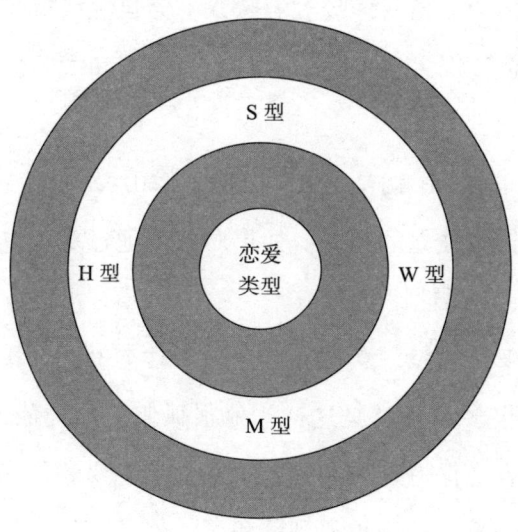

图 17　恋爱的四种类型

第一种，S 型。S 就是 Sun，太阳型。这个类型的人像太阳一样放射光芒，不管你接受还是不接受，他就是一定要爱你。这个爱，有的时候太极端了，会让人窒息。如果做得不极端，只是放射温暖，不求回报地关心别人，爱别人，那是一件非常好的事情。其实我们的老爸老妈，尤其是老妈，经常扮演这个角色，事事想得周到，不管你接不接受，领不领情，就是一直爱你，不求回报。结果很多孩子经常说："老妈你别管我了，好不好？"

第二种，M 型。M 就是 Moon，月亮型。这种人跟 S 型的人刚好相反，他们极端地需要爱，得到多少爱他们都不满足。有些心理学的理论认为，原生家庭缺爱的人，他怎么都感觉得到的爱不够。由于过去没有人关心他，这时如果有一个人爱他、关心他，他就会像特别冷的人，突然遇到了一个温暖的人，感觉非常舒适。

这种人只会像月亮一样吸收温暖，不会自主放射光芒，他们不会去关爱别人，总让别人爱他们。但是，月亮型和太阳型放到一起就成了绝配。

第三种，H 型。H 就是 Hill，山型，像山峰一样独立。这种人躲避爱，很享受自我独立的状态。如果对方爱他过头了，他就会选择躲避。这种类型通常男性比较多。

在《男人来自火星，女人来自金星》这本书里，我们就会看到这个现象。男人很多时候就是这样，他很孤僻，你爱他，他会躲起来，向后退，不太容易保持这种亲密的关系，总想要和你保持距离。你向前走，他就向后退，最后被逼到墙角了，他会拒绝你的爱。所以这种类型的人最容易出现的问题是：你越爱他，他越躲你。如果两口子吵起来，对方说："你必须回答我的问题，你不回答我的问题不行。"他这时候就会采取防卫的姿态了。无论怎么逼他，他都会后退，不会化解。

第四种，W 型。W 就是 Water，水型，就像水一样随和。水型的人基本上综合了前三种类型的特点，碰到什么样的型都合适。碰到太阳型的，你爱我多一点，可以；碰到月亮型的，你要求我爱你多一点，可以；碰到山型的，你让我和你保持距离，可以。这种类型的人特别好相处，但也不是完美的，因为他往往会失去自我，随着对方走。太过随和，也有问题。

如何跟不同恋型的人相处

我们怎么看这四种恋爱类型？如果你的另一半是一个太阳型的人，你可以欣然接受他的爱。这种人越付出，越高兴。反过来说，如果你的另一半是一个月亮型的人，那你就要小心了，你不多付出，不给他温暖、阳光的话，很快他就会枯萎。

如果另一半是山型，你一定要给他独处的机会。如果另一半是水型，那就很好处，怎么样都行，但是也要让他表现出自己的一些主张。

那我们如何判断自己是什么恋爱类型呢？可以在表 3 里打分，看自己到底哪种类型的比例大一些。

表 3　四种不同恋型打分表

恋　型	1	2	3	4	5
S 像太阳一样放射 情感礼物：让他（她）关爱					
M 像月亮一样吸收 情感礼物：给他（她）关爱					
H 像山峰一样独立 情感礼物：给他（她）空间					
W 像流水一样随和 情感礼物：给他（她）引导					

但是仅仅自己打分还不行，因为很多时候自己认为的和别人认为的有很大差距。比如你觉得自己很温暖，但是别人觉得你不够温暖；你觉得自己做得恰到好处，别人却觉得你做得过了。所以最好让周围的人也帮你打一下分数。打分之后就会呈现出你的恋爱类型。

给自己做了自我分析之后，给另一半也做一个分析，看看你们是不是合适的类型，如果恰好都对得上了，那就是圆满的夫妻。基本上，太阳型配月亮型是最合适的，太阳型配山型就很麻烦。山型配水型还算可以。如果月亮型碰上了山型，山型的人躲避，孤僻，月亮型的人又需要爱，非常黏人，这肯定会出问题。

打完分之后，可以给对方送一份情感之礼。送什么呢？根据打分，靠线条左边的部分就是他最缺乏的，就送给他这些，满足他的关键需求。

面对太阳型的人，我们给他最好的情感礼物是什么呢？接受他的爱，承认他的爱。

面对月亮型的人，我们要给他关爱。

面对像山峰一样独立的人，我们一定要给他空间。有人问，给他空间，他不会离你越来越远吗？不会的。其实这些人一旦在自己的空间里完成了他想做的事，就会走出来，他有自己的节奏。女人每个月会有例假，男人也会有。男人的例假是情绪上的，某段时间会想要躲起来，不想说话。女人要理解男人的这种情绪例假。

面对像流水一样随和的人，我们可以引导他，让他去更舒服的地方流动，让他不委屈自己。

那有人说，如果经过分析之后，发现两人是不合适的类型，怎么办？两人不想分开，类型可以改吗？也可以改。但是改别人难，改别人得花十分的力，改自己稍微容易点，花五分力就行了。所以多从自己入手。别企图改造他人，人性特别难改造，几十年来养成的爱的类型短时间内很难改变。

比如女人是山型，非常独立，给人感觉很冷。男人是太阳型，非常热情。两人已经在一起了，要怎么办？

首先，男人也需要关爱。虽然山型的特点就是关爱不耐受，太阳型的人是关爱过度，不求回报，现在太阳型的人得不到山型的人的回报。但是太阳型的人真的不需要关爱吗？肯定不是。他也需要关爱，山型女人也可以反过来关爱他。

其次，山型女人要欣然接受太阳型男人的爱，越接受他的爱，他越高兴。

最后，山型女人可以向水型、太阳型转化。如果暂时做不到全部接纳他的爱，可以部分接受，但是要积极回应。假如发现他爱的方式不对，也别掖着藏着，先说出来。

夫妻关系是长久的，在谈恋爱的时候，他爱的方式过火了，你理解他这是因为想对你好，可以不去矫正他。但夫妻长期过日子总要舒服，如果你改不了自己的特性的话，就给对方一些空间。通常，过度关爱对方的人，没有别的更多的目标可以吸引他。他的目标全在对方身上，眼里只有对方，那种焦灼的爱，特别让人窒息。所以男人还得有正事，不仅要爱自己的妻子，还要爱自己的事业，形成平衡。没有正事的男人比有正事的男人更容易出轨，他会到别人身上去寻找在妻子身上寻找不到的东西。所以两个人都要做微调，要改进。既然已经在一起了，就都稍微改变一下，做到相处融洽。

要么迁就他，要么改造自己。迁就他就会委屈自己，改造他就会难为他。恩爱都是选择和驾驭的结果。在择偶方面选对了，尤其是恋型方面，选对了绝对比维持它容易。选对了恋型，然后用对的方法驾驭它，这就是爱商领导力的核心和关键。

其实这四种恋爱类型也不是绝对的。一个人有的时候有山型特征，有的时候有月亮型特征，也就是说，每个人身上其实都有这四种特征，不是绝对没有其中一种特征，只是比例不同。它会因时因人而变。比如，有一些人是特别温暖的，但是他对另外一些人就特别冷酷。如果有一些类型特征绝对没有，那这个人一般不正常。

总之，尽量不要互相改造，每个人先自己改造自己，解决自己的问题，是最好的办法。婚姻不仅仅是恋型的适配，还有其他的适配，比如品德的适配、大三观的适配、爱情小三观的适配等。

　　两个人能走到一起不容易，大家要彼此珍惜，如果遇到问题，先改变自己，连自己都不能改变，也不可能改变他人，更不可能改变世界。

魅力之爱篇

Love
Quotient

四度修炼，成就女神气质

　　中国有两个"董姐"特别出名，一个是格力电器领导者董明珠，一个是中央电视台主持人董卿。董明珠和雷军对赌十亿元，非常霸气；董卿主持《中国诗词大会》，非常有才气，温文尔雅。她们都是很闪亮的女性，都非常有魅力和气质。

魅力和气质是从哪里来的？都是修炼出来的。那都要修炼什么呢？图 18 告诉我们要修炼"四个度"。

四度气质修炼

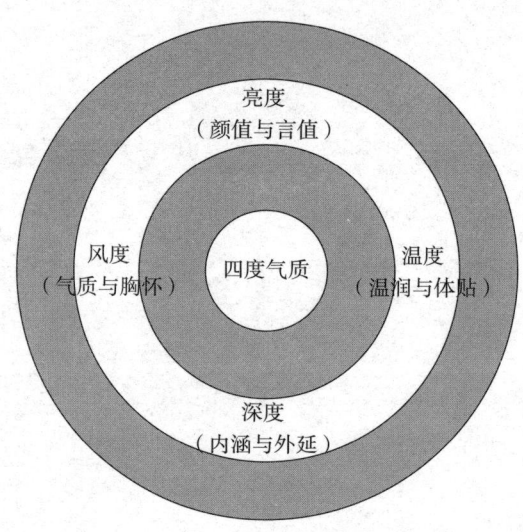

图 18　四度气质修炼

第一，亮度。亮度包括颜值和言值。颜值就是外在形象，言值就是沟通能力。一个人走过来的时候，让你眼睛为之一亮，这就说明她形象好。她一讲话，你觉得太赞了，心中又为之一亮，说明她言值也高。颜值和言值双高，她自然就是闪亮的。

第二，深度。亮度是在外表能够一眼看到的，深度是一个人的内涵和外延。内涵指的是一个人的思想、内心、品德，外延是通过内涵表现出来的对他人的态度。深度是支持亮度的，没有深度，亮度也不会持久，所以我们要修炼深度。

第三，风度。说到风度，大家就会想起"风度翩翩"这个词，但这只是风度的一方面，指一个人外在比较优秀。其实，风度指的是人表达出来的气场。有些人什么话都不说，就能表现出气定神闲的状态。有的人一看就觉得他很躁，动作行为都很躁。《论语》里说"君子之德风，小人之德草，草上之风必偃"，意思是，君子的德行就好比是风，小人的德行就好比是草，当风吹到草上面的时候，草就会跟着风的方向倒。风是主动的，草是被动的，所以风气定神闲。

内涵低的人遇到事会六神无主，甚至会相信世界末日来了。但是"世界末日来了"已经喊了 2000 年了，人类还是好好地存活在世界上，所以我们还是要气定神闲地好好过日子，该怎么办就怎么办。就像马丁·路德·金说的："即使明天是世界末日，我也要种下我的苹果树。"希望一定是要有的。从生下来我们就知道自己是要死的，那要在恐慌中度过一生吗？哪怕生命只剩最后一天，也要当人生第一天去过。

风度还指什么呢？还指我们的胸怀。男人要包容，女人也要包容。你不能包容一个人，其实就不能领导他；你不能包容一个人，就不会留住他。

就如上文大郝的案例中，大郝确实对小于好，但问题就在于，他的这种好只停留在物欲之爱，认为小于是他的，所以别人不能动，也不能看，他要到单位查岗。大郝的胸怀太小了。小于不是他的私有财产，而是一个独立的人，她被别人需要。她是有各种社交需要和活动的，大郝连这个胸怀都没有，肯定不行。

第四，温度。这里指温润与体贴。

温度一定要舒适。很多人温度过高，过于热情，甚至达到燥热的程度，会让人有压迫感。但是通常这些人自己不会察觉，他觉得自己温度正好的时候，可别人都快被烤焦了。所以，达到温润的程度刚好，要温润如春风，而不是做夏天正午的太阳。

体贴指的是知道体谅别人，原谅别人的错误。我们在一生中，夫妻相处、朋友相处，谁没有犯错的时候？犯了错误怎么办，自己错了自己改正，如果是别人错了就原谅他，给他改正的机会。儒家一直讲仁，基督教讲慈爱。给人好东西，给人关怀，都是仁慈，但最大的仁慈是当别人犯了错误，当别人伤害你的时候，你选择原谅他。不宽恕别人，不体贴别人，不温暖别人，别人怎么会温暖你呢？

人最大的勇敢不是去上战场打击敌人，而是承认自己的错误，去改变自己。因为人类的天性就是容易原谅自己，不容易宽恕别人。所以承认自己有错太不容易了，那是一种勇敢。

风度、亮度、深度、温度这四度，我们在很多人的身上都可以看到。那我们学习的榜样是董明珠，还是董卿？我觉得最现实的办法是，你可以看董明珠，看董卿，接着在自己的闺蜜群里去找最好的榜样，学习她们，然后超越她们。怎么完成这个超越呢？学习两个榜样甚至三个榜样的优点，把这些优点聚集到自己身上，就是我们超越别人的最佳的路径。

赞美技巧三十六阵

其实我们也不都是冷淡的人，很多时候别人感受不到我们的温暖，是因为我们不知道怎么表达温暖和爱。如果有一种方法，让人能很快学会表达爱与温暖，那就太好了。

这些年我一直在研究，发现了一个矩阵，叫赞美技巧三十六阵。只要按照这个矩阵去做，就会有三十六种表达爱的方法。无论是对爱人，对父母，还是对孩子，都适用。这个表特别简单，一看就明白，大家可以参考练习一下（见表4）。

表4　赞美技巧三十六阵

赞法 ＼ 赞点	其长	其细	其隐	其渴	其恰	其爱
直赞：用妙词或引言						
比赞：用事实或比较数据						
喻赞：用其他事物比喻						
感赞：用真切的感受						
反赞：用批评或劝阻						
曲赞：用第三方人或物						

这个矩阵里，横向叫赞点，就是你到底赞许他什么，你要称赞他哪些地方，即要赞到点子上。纵列叫赞法，就是你已经知道赞许的点了，然后选择以什么方法来点赞。

当我们有六个赞点，每个赞点又有六种方法可以选择的时候，就是有三十六种方法可以使用了。

第一，赞其长，即一定要赞许人的长处，别赞许到短处。有一些人喜欢瞎赞，比如结婚典礼上，通常都会说新娘漂亮，新郎风流倜傥。但是有些新郎真的不风流也不倜傥，甚至长得很丑，你去这样赞许他的时候，他可能会觉得你在挖苦他，还不得不苦笑配合你。或者人家长得矮，你偏要说他高大威猛。那你为什么不赞许他其他方面呢？比如说赞许他有智慧，有才华等。

第二，赞其细，就是要赞许到细节，赞许得具体。比如说张姐人特别好，是个好人，这就不具体。怎么叫具体？有一天某个电动设备没电了，当时谁都没办法解决，张姐把自己的电池拿来给装上了。就是一定要具体，要赞许到细节上，而不是笼统地说。

第三，赞其隐，就是别人都赞许了的内容你就别赞许了。你得发现这个人独有的特点。比如别人发现了他的热情，你要发现他的耐心；别人热情、耐心都发现了，你要发现他的大度。即要找到新的东西，找到别人看不到的地方。

第四，赞其渴，就是你要赞许到对方渴望被赞许的地方。比如，一个人很渴望别人说他聪明，你就要往这方面赞许。比如，一个聪明的人渴望的不是别人赞扬他聪明，而是赞扬他诚实和温暖，你就要往这个方面说。

第五，赞其恰，就是要恰如其分地赞许。有的时候赞许得过度了，会让别人觉得你不真诚，不实在。

第六，赞其爱。有的时候你称赞他，他可能不一定特别欣喜，但是你称赞他妻子、儿子，或者他老爸、老妈，他可能就会有双倍的欣喜。比如，"那天我看到你老爸，我才知道你为什么这样棒。"这就叫高明的称赞。

我们再看一下赞许有哪些方法。

第一个方法，直赞。直接去赞许，就是直接用语言去表达。比如"你笑的样子很迷人""你的眼睛很明亮"。

第二个方法，比赞。比赞就是用事实和比较数据去赞许。比如"我给你的暖度打分，普通人都是 3 分，你绝对是 5 分""在这么多人里，我突然就觉得咱们两个有缘"。

第三个方法，喻赞。就是用比喻的方法来赞美他人。比如说一个人特别雅静，可以说他好像上好的龙井茶。我给两位知名教授做主持的时候，就用了喻赞的方法。我说：女教授出口成章，像诗；男教授味道醇厚，像老酒。他们两个在对话，那就是你有好诗我有美酒。

第四个方法，感赞。感赞就是用自己真切的感受去赞扬别人。比如"我这一生最大的愿望就是能成为你"，比如"和你说话，就有如沐春风的感觉"。没有直接赞，只是说了自己的感受。

第五个方法，反赞。反赞就是通过批评去赞美。比如"你这人非常好，优点是人好，缺点是人太好"。这人爱干净，你可以说"优点是爱干净，缺点是太爱干净"。

第六个方法，曲赞。曲赞就是通过第三方来赞许，而不是当面称赞。这种赞许的效果会加倍。比如"张姐，我跟李姐在一起的时候，李姐对你赞赏备至"。

　　赞美真的是一件非常美好的事情，本节就以我写的一首小诗《让点赞成为一种习惯》来作为结语吧。

　　让点赞成为一种习惯，
　　有爱的人随手点赞，
　　无爱的人视而不见。
　　谁能让点赞成为一种习惯，
　　情就不会冷，爱就不会断。
　　烟花一笑，广结善缘；
　　甘露一滴，滋润心田。
　　都看到花开十里有好景，
　　却原来春风百里有点赞。
　　为自己点赞，瞬间来电；
　　为他人点赞，日行一善。
　　星星之火，你我彼此温暖；
　　举手之赞，人间春光无限。

聊天四式，实现同频沟通

小A博士毕业，理工男，现在做工程师，年薪百万元，身高一米八左右，相貌堂堂。按说应该是很抢手的结婚对象，但是他一直单身。后来去相亲，说完基本情况，大家都很感兴趣，但是跟女性见面之后，一谈就崩。为什么？因为他不会说话。

介绍人问他找对象有什么标准。他说："我的标准就是能够操持家务，能够给我照顾孩子，能够给我做饭。首先要看生育孩子能力强不强，身体一定要壮。"

然后小A和某女士约在咖啡厅见面。他一上来就说："你找另一半，有什么条件，列出来我看一看。"女士说咱们先聊一聊，不着急说这个。小A说："你不着急我着急，如果你不聊这个，那咱们就别聊下去了。"

好不容易聊下来，女士就想聊点家常话，问他家里都有什么人，是什么情况。他说："别问我家人，你是嫁给我，不是我家人。不要跟我查户口。"

喝了咖啡，最后聊得不太好，他走的时候问："是你埋单，还是我埋单，还是AA制？"

小 A 就这样跟人谈崩了。因为他没有经过说话的训练。有人问，说话还要训练吗？我们经过写作文的训练、讲英语的训练，但很少经过说话的训练。"爱商"课程就要给大家这样的训练。

我们经常发现，有的人要么与人没话可说，这叫无聊；要么对亲人容易发火。这一幕很常见：

火苗姐下班回到家，看着老公和女儿在沙发上看电视，气就不打一处来："下班早不能做饭啊，嫁给你就没吃过现成的饭。""光知道看电视，这次才考了多少分，还不赶紧写作业去。""我真是上辈子欠你们的！"……整个晚上，这个家都是火苗姐的抱怨和摔打声。而老公和女儿躲在各自的卧室里，以沉默和无视来表达对抗。

现在想想，你是不是跟火苗姐一样，对客户耐心有加，对老板百依百顺，对亲人脾气暴躁？这是为什么？因为你很清楚，凡事都有风险：坏脾气给客户，就会丢掉订单；坏脾气给老板，就会被端掉饭碗。只有和亲人发火才比较安全。其实你不知道的是：在家里发火，才是最大的风险，那是给幸福埋下了定时炸弹，一旦引爆了炸弹，就是家败人散。如果有这样的问题怎么办？用"爱商四聊"拆除炸弹。

聊天六件事

聊天都聊什么？无非三对组合，一共六件事（见图 19）。

第一对，国事和家事。国事就是国家大事、公家的事。比如可以聊聊国家的经济形势、单位的发展情况等。家事，就是家长里短，比

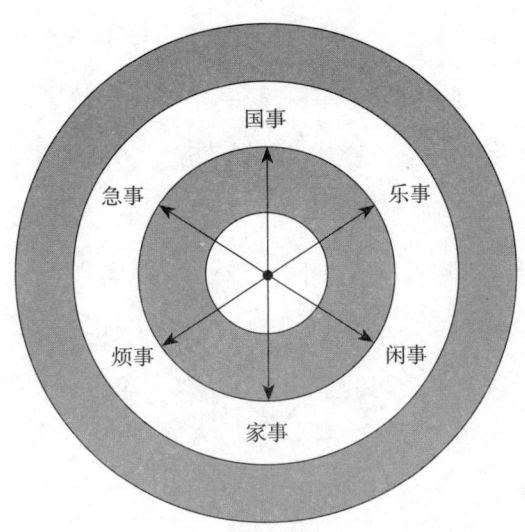

图 19　聊天六件事

如聊聊爸爸、妈妈、孩子、七大姑八大姨，去哪里度假，春节怎么过，等等。有聊国事的场合和气氛，也有聊家事的场合和气氛。为什么有时话不投机半句多？就是因为该聊国事的时候在聊家事，该聊家事的时候在聊国事。

第二对，急事和闲事。急事有急事的聊法，闲事有闲事的聊法。急事就要直入主题，节奏很快，闲事则可以散漫开去。两个人要同频共振的话，就要知道现在聊的是什么样的事。

第三对，乐事和烦事。有些人为什么一聊天就让人头痛？就是他总聊那些烦心的事。尤其喜欢把工作上烦心的事带回家里，或者把家里烦心的事带到工作上。一聊起来，情绪就上来了。

跟什么样的人聊乐事，跟什么样的人聊烦事，乐事在什么场景下聊，烦事在什么场景下聊，这都是需要考虑的。我们聊了一万件事，总结起来，无非就是这六件事，有可能这六件事是交叉的。比如我今天聊的是国事，是企业的事，但它是急事，还是烦事。这三点聚集到一点，就能够确定我们应该以什么样的态度、方式去聊。

一般来讲，烦事别带回家里去，夫妻之间工作上的事尽可能报喜不报忧。如果夫妻俩本身就是同一个公司、从事同一行业的，更要注意，可以遵循这样一条原则：回家之后，脱了外衣，穿上拖鞋，就不要聊公司的事了。要聊公司的事到公司去聊，否则容易伤感情。

四种聊天方式

那我们怎么聊呢？不同的事，在不同的场合，有不同的目标，聊法会不同，具体来说有四种聊天方式（见图20）。

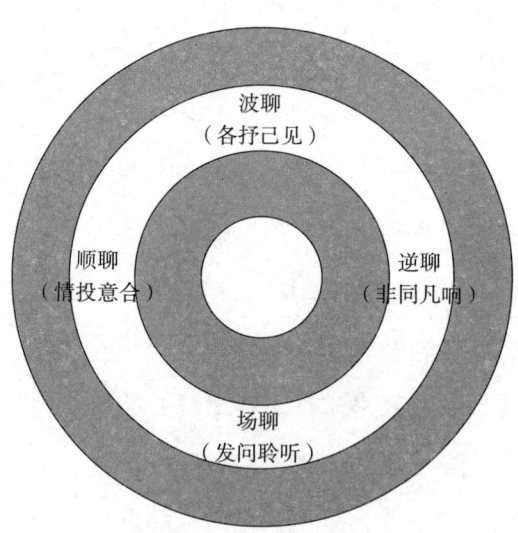

图20　四种聊天方式

顺聊

第一种聊法叫顺聊。顺聊就是往一个方向、一个情绪去聊，互相补充，你说左，他补充右，你说前，他补充后，经常会出现"而且""进而""同时""我也"这样的关联词。比如两人聊电影，一个说"这部电影制作得不错，演员不错"，另一个接着说"台词也很好"；一个说"同时插曲也不错"，另一个说"我也是这么看的"。越聊越开心，而不是话不投机半句多。如果一个说正，一个说反，就很容易聊不下去。

顺聊的作用是什么？让两个人聊得情投意合。夫妻之间最基本的聊法就是顺聊，不要老是拧着来。

那怎样才叫顺呢？我们先看图 21（a）这个圈。两人开始聊了，上面实线的箭头顺时针转，比如实线箭头是"横看成岭侧成峰"，虚线箭头接"远近高低各不同"，这就是顺。实线箭头再接回来"不识庐山真面目"，虚线箭头说"只缘身在此山中"，两人就是一拍即合。

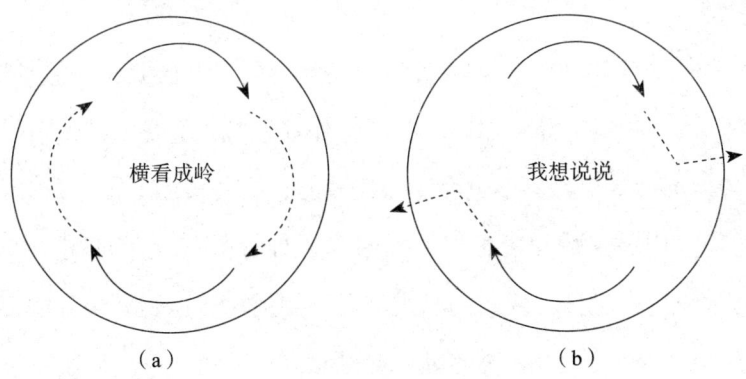

（a） （b）

图 21　顺聊之顺

但是很多人在跟别人对话的时候，聊着聊着就聊不下去了。为什么？看看图 21（b）的这个圈，两人东一句西一句，根本不在一个频道上。实线箭头说"横看成岭侧成峰"，虚线箭头接"我想说说范冰冰"。实线还想继续拉过来，拉回到诗意上，又说"远近高低各不同"，结果虚线箭头说"吃个火锅行不行"。这还能聊下去吗？

两口子之间以这样方式聊得更多，所以顺聊不顺，必有问题，两人不在一个频道上。我们在顺聊的时候一定要摸准对方在哪个频道上，人家在诗和远方的频道上，你硬要拧回水和干粮频道，那肯定不成。要同频共振才行。一个爱商高的人，会意识到当时、当地的场景和频道，才会顺之又顺。

但是话又说回来，很多时候，对方的观点不对，他说的不是事实，他的意见你不同意，你要告诉他，又不想变成对立面，那就要用第二种聊法。

逆聊

第二种聊法叫逆聊。聊的时候，经常会用一些转折词"但是""不过""不是""相反"等。比如"这部影片好是好，但是它的情节上有个漏洞""这部影片很好，不过女主角比较差，男主角还不错""相反，我认为这部电影最失败的就是那首插曲，太难听了"。这就叫逆聊。

通常我们表达自己观点的时候，会用到逆聊。逆聊做得好的话，会让对方刮目相看，认为你说得对，觉得你有自己的想法。但聊得不好的话，会触对方的逆鳞，若逆着鳞去，不是顺着鳞来，就很容易遭到反驳。

如果你每一次都是顺聊，时间长了，另一方就会视你为不存在，觉得你的观点无足轻重。只会顺聊的人反而最容易得罪人。为什么？你一直顺着对方的思路聊天，如果有一次反驳对方，对方会立刻大怒，双方就失去了各抒己见、讨论观点的氛围。你只要不顺着他说，他就认为你在跟他作对。现在很多夫妻间也是这样，长期以来形成了一种不平等的关系。

在单位里，领导说什么你都顺着，最后领导不拿你当回事。而且你当了领导也这样，部下都顺着你聊，你说什么他都说对，你说什么他都说是。你就会觉得这个人没什么观点，没什么主见。慢慢地，你也会轻视他。

怎么办？去试着平等交流。如果平等交流有风险怎么办？可以加上"罐装"。

什么叫"罐装"？"罐装"就是一个预制的证据。你去反驳一个观点的时候，要拿出无可辩驳的证据来。别人一听，会觉得：虽然是和我的观点不一样，但他确实说得对，有理有据。我们有时会对一个人刮目相看，本来觉得他没什么水平，但是他讲的一番话竟然让我们肃然起敬，就是因为他用了"罐装"，有了预制的证据。

逆聊必须加上"罐装"，因为你和别人的意见不同，得摆事实，讲道理才对。怎么摆事实，讲道理？你必须拿出现成的道理来，临时想的话其实很难。比如我和王石对话，和马化腾对话，都要准备"罐装"，因为我不了解房地产，不了解互联网，不是相关专业的。

"罐装"包括了四大类（见图 22），从它的内容上看：

图22　"灌装"四大类

第一个叫作例证。要用事例来证明一些东西。

第二个叫作观点。对同一件事，不同的人观点会不同，把一些新的观点和例证组合起来，会让例证更有力量。

第三个叫作数据。比如我们经常会说"七年之痒"，西雅图爱情实验室心理学报告就用数据来做了认明：67% 的初婚夫妇会在结婚后 40 年内离婚，其中有一半的离婚发生在结婚后的头七年。比如专家说维护爱情比维护身体更重要，会借助这样的数据表达：去健身房锻炼都未必让人寿命增加，四年不幸的婚姻却能让人少活四年；如果健身爱好者每周从健身的时间里匀出 10% 的时间，来锻炼他们的婚姻而不是他们的身体，他们在健康方面获得的好处将是在跑步机上跑步的三倍！

第四个叫作工具。工具是理论和观点的一个落地版本。比如我们讨论一个问题，我不同意你对这个问题的看法，你说了四条都是改进措施，但是你的目标是什么？这里就会用到 QP（Question Plan）五步这个工具：第一步，现状；第二步，目标；第三步，问题；第四步：对策；第五步：代价。现状和目标没弄清楚之前，你就去制定对策，这是不对的。

波聊

第三种聊法叫波聊。波聊就是各抒己见。你说你的观点，我说我的观点，每个人有一个观点，大家交流来看一看，哪些观点可以被大家共同接受。我们一般在讨论的时候，尤其是在工作小组讨论的时候，会用到波聊这种方法。

因为完整地表达了一个见解，所以波聊很容易体现一个人的魅力。这种魅力，包括了表情之美、语气之美、语言之美和细节之美（见图 23）。

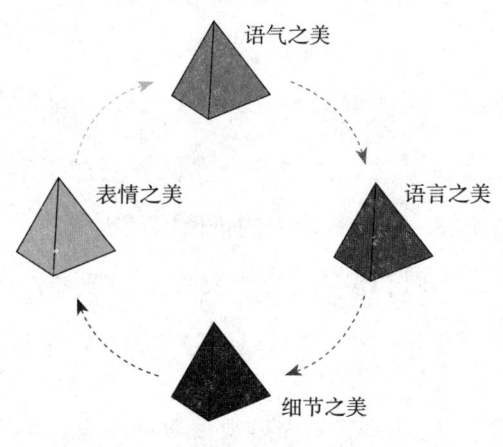

图 23　波聊的魅力

第一，表情之美。你在跟人面对面聊天的时候，会有表情。有的人是一脸不屑、瞧不起你、耻笑你的样子，那种表情会让人很难受。有的人则长期一副愁眉苦脸的表情，你一看他，就感觉他苦大仇深，听不下去他说话。

第二，语气之美。语调很重要，你是亲切的、真诚的，还是虚情假意的，通过语气都可以听出来。

第三，语言之美。语言表达准确，鲜明，生动，内涵又很好，这个人就会很闪亮。

第四，细节之美。其实最美的就是把一个东西掰开来讲，讲到细节。有些人只讲梗概，这打动不了人的。比如梁山伯与祝英台的故事，你干巴巴地说：梁山伯与祝英台，一个男的一个女的，开始梁山伯不知道祝英台是女的，后来知道是女的了，他们恋爱了，最终恋爱没成，都死了，完事了。这么美的一个故事，几句话干巴巴讲完了，何来吸引力？

这四美集合到一起就很迷人。很多人在快节奏的时代中，已经让自己变得粗线条了。其实，女性的一大优势就在于情感比男性充沛，所以要发挥这种优势，让这种魅力的价值感最大化。

一般来讲，在沟通和表达方面，女性的弱项是什么？就是对于哲理和观点的提炼。这个问题完全可以通过"罐装"来解决。

2019 年 10 月，我遇到了一个需要波聊的场合，要表达自己的一个观点。当时，有韩国仁川大学的校长和首尔大学的教授，还有其他几位国际友人，我们在深圳见面。在这些业界大咖、学术大咖面前，我如果表达一些专业观点，会有班门弄斧之嫌。当时为我们穿针引线的是联合国可持续发展组织的原秘书长，他把大家联系到了一起，于是我抓住这一点，表达了一下对联系人的谢意。

我先抛出一个问题：世界上最伟大的发明是什么？大家都会以为是指南针、帆船、文字、印刷术、蒸汽机、电灯等。但是我说，最伟大的往往最不起眼。我以为最伟大的发明是绳子。它本身默默无闻，看来不神奇，但其实非常神奇。因为没有绳子就升不起风帆，没有帆的船是不可能远行的，那就没有航海，也就没有新大陆的发现。没有绳子，就没有金字塔，因为金字塔的巨石雕琢完成之后是靠绳子拉上去的。没有绳子，就没有放牧的缰绳和套马竿，人类也就没有办法由狩猎到畜牧。没有绳子，也就没有美妙的琴弦，优美的音乐就不会出现。没有绳子，就没有渔网和渔船，远航归来就没办法停泊在港湾。有了绳子之后有了电线电缆，世界才走出了黑暗，电话、通信才不会中断。有了绳子风筝才能飞上天。有了绳子才有了慈母手中线。有了绳子，手术台上有了妙手回春。

有形的绳子连接物件，无形的绳子连接情感。今天我们来感谢联系人，他让大家联系在一起，连通了这种情感。如果我们每一个人都变成一条绳子，将来就会结绳成网，千百条绳子织在一起，就是美好的明天。

这就是对思想和观点的一个组织，接下来，大家就围绕这个话题开聊了。想在任何一个场合被人家尊重，被人家信服，是有方法的。人活一世，能留下些什么？一切随风而逝，你能留下印记的唯有：被你影响的那些事，被你改变的那些人。

场聊

第四种聊法叫场聊。如果说波聊在空间里是一条线，那场聊就像一个磁场。有电磁波来了，我会用磁场回应它。主持人经常用这种聊法。我主持了十多届"中国国际人才交流大会"，经常和大咖对话。如果四个有千亿资产的大咖一起出现在台上，我和他们对话，他们每个人都有每个人的观点，我要怎样把这些大咖的观点接住，再把他们的观点交织起来？这其实是非常不容易的，就特别像交响乐的指挥，这是小号，那是钢琴，还有萨克斯，如何把它们组成美妙的交响乐？

我也看了很多人的现场主持，小号、钢琴、萨克斯都有，结果弄成了一锅粥。为什么？因为主持人心里没谱，这个谱就是场聊要掌握的技巧。

场聊特别注重两个方式：一个叫提问；一个叫倾听。

有人说倾听是最高明的，其实如果倾听打 5 分，能提一个好问题就可以打 10 分。你总在是倾听，其实跟一个普通的观众没什么区别。作为主持人，你不能提出好问题来，又不能激发对方把道理讲明白，不能激发对方升华，其实是有点失职的。我经常向我的座谈对象提出很尖锐的问题，这样可以把他的思维激活，让他更闪亮。

企业的老板也应该是一个场聊类型的主持人，在讨论问题的时候，针对员工提出的各种意见给出回应。家长也应该是一家人在讨论问题时候的一个主持人。在讨论问题的过程中，不仅讲道理，摆事实，还要有情绪和情感的交流，因为人是感情的动物，情绪的投入和传播很重要。

　　场聊有一个理念叫引渠。所谓水到渠成，你让别人说出观点，就要开一道渠，引导他。引导有两种方式：一种就是默默进行，说"是、对、很好、我听明白了"，这叫暗渠式倾听；另一种就是提一个好问题把对方带出来，这叫明渠式提问。

　　我们从图 24 上可以看到，线条粗的叫专心倾听，线条细的叫提问引导。把东聊西聊的东西串起来之后，就形成了一张网图。一个好的聊天者可以用这样一张网图不断把聊天推向深入。

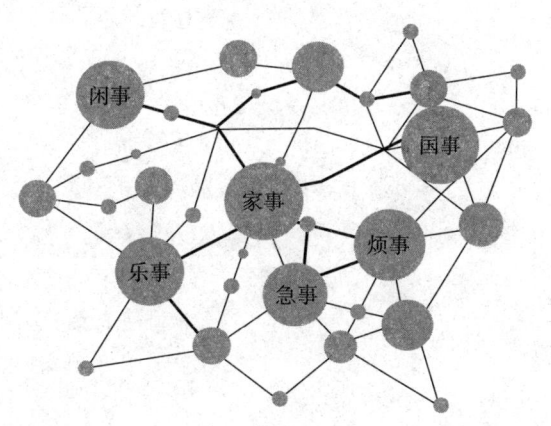

图 24　场聊引导方式

　　爱情不是婚姻的坟墓，不会沟通才是！生命中人来人往，只有频率相同的人，才能感受彼此命运，照见彼此的内心。

演讲四鱼，专业公众表达

这是一段演讲节选，题目是"女人永远是最佳辩手"。

"今天要跟大家分享的是一个关于女人和辩论的故事，名字叫作女人永远是最佳辩手。我在辩论的赛场上拿过世界冠军，拿过全场最佳辩手，也算得上是小有收获。但是说实话，有一件事情真的非常丢人，在这里我必须要向在座所有人坦白，就是在生活的辩论场上，有那么一个人，我是从来都没有赢过的。那个人就是我的老婆。……但是我本人是发自内心赞同一句话，女人永远是最佳辩手。

"但是凡事总有原因，为什么呢？后来我开始琢磨，我找到了第一层原因，男人总是输，那是因为男人总是讲道理。我有一个饱经沧桑的小小忠告，告诉在座所有的男士：就是当你面对女人的时候，你永远永远不要试图讲道理，因为她们会坚信你解释就是掩饰，掩饰就是欺骗的开始。

"我老婆有一次看中了一款包，她就把我拉过去，她想买。大家都知道全世界所有的女人喜欢的包就只有两个特色，第一美，第二贵。当然女人会比较关注前者，男人只能关注后者。所以我老婆一直在看那款包的时候，我也一直在看那款包的价签，我在数，个十百千，一数我当时就崩溃。我赶紧把她拉到一边，背对着导购，我想说服她。……当时说实话，上到民族情怀消费理念，下到买这款包的性价比、收益比、风险比、收支情况对比，我慷慨激昂、鞭辟入里，我自己都已经快被自己的沉稳跟理性征服了。然后她只是看着我，眨巴着她的大眼睛，问我说：'是你的那些道理重要，还是我重要？'……你说这个时候你除了宣布她是最佳辩手，并且掏出银行卡给她颁奖之外，你还有任何其他选择吗？

"这是我总结的第一层原因。然后我往下深入地踏了一步，完了，我发现了事情的真相。女人永远是最佳辩手，就是因为女人根本就不是辩手啊亲们，她们是评委呀，她们就是你们感情生活中判断对错输赢、选择最佳辩手的评委和导师啊。

　　"当然对于我本人来讲，我是个辩手。作为一个辩手，大家想一想，还有比发现你的对方辩友其实是评委更深的悲哀吗？就在这一份浓得不能再浓的悲哀当中，我突然有一个全新的观点，让我一下子灵台透亮，豁然开朗。大家想一想，作为一个男人，咱们输，咱们输掉了一生的比赛，可是咱们赢，赢得了什么呢？那是一颗可爱的、俏皮的，甚至有一点点蛮横的，但是从不遮掩、从不伪装的，少女的心啊。

　　"这个世界上还有什么比一颗愿意陪伴你到终老的、真诚的、少女的心，更宝贵的东西吗？所以人生的辩论场上，女人永远是最佳辩手，男人总是输，女人总是赢，那只是因为爱。"

人和动物的一个根本区别，是人可以通过表达和沟通，把大家连接到一起，由强大变成伟大。不过通常情况下，很多人恐惧表达，恐惧在台上讲话。这种恐惧来自哪里？

你可以想一下，你跟父母沟通会恐惧吗？和亲密的朋友打交道会恐惧吗？都不会。假设一只小羊从来没见过狼，狼也没见过羊，但是它们一见面，小羊就会感到恐惧。为什么？因为小羊的能量不够，狼的能量很大。而且小羊也知道狼发觉自己能量不够了，所以就会产生恐惧。也就是说，你和别人交往感到恐惧是因为对他感到陌生，跟他交往的能量不够。

解决恐惧的方法不是告诉你让你大胆起来，而是让你先能量充盈。比如即兴发言，比如上台演讲，有人说敢上台就行了，但是因为你没有那个能量，上台讲了也是被晾在台上，下面的听众会给你负面反馈，会让你更害怕当众表达。

如何评价一段演讲？可以依据个性化经验，也可以依据共性化的标准。

先说说我的个性化经验。20 年来，我差不多讲了上千场课程，也主持了十几届中国国际人才交流大会，以及浙商、沪商和深商大会等。所到之处，所发之言，都要求成为亮点。虽然每一次都得到热烈反响，但我自己的感觉是，有时候满意，有时候并不满意。这些是我靠平时积累出来的。因为一年到头我都在准备，我有一个文件夹，看到好的资料，我会立即加进去，但我不会直接照搬，而是加上我的理解，分析出更好的表达，把别人的天当成我的地，在这个基础上进行深化，到用的时候，很自然就能拿出来用。

很多人问：杨老师你每一次演讲都很精彩，是怎么做到的？我开始琢磨，如何做到每一次演讲都精彩？研究了古今中外大量演讲案例之后，我逐步解开了这个秘密：在演说成功四大要素基础上，画出了一条"演讲之鱼"（见图25）。演讲是一个影响力的表达方式，是你达成目标的表达手段。如果你演讲之后没达成目标，那叫瞎掰。

我们看一下这条演讲之鱼。

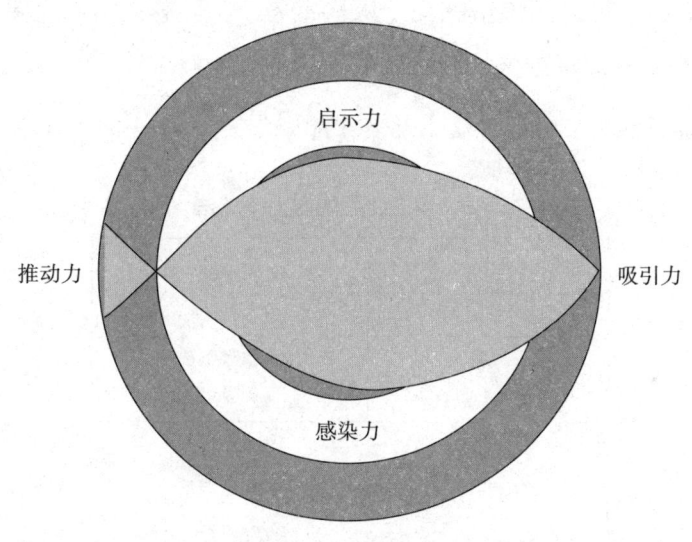

图 25　演讲之鱼

前面是鱼头，它的主要功能，是吸引力。一个演讲者可以通过感官吸引、问题吸引和事例吸引，吸引听者注意。一般的演讲会有这样的开场："我是李秋波，我来自浙江温州的一个小山村，我自小喜欢摄影，今天要和大家分享无人机摄影的经验……"

90% 的人都采用了这样的无技巧开场。如果你是那 10% 有吸引力的人，会这样开场："请大家看看我手中的无人机，我现在给大家演示一下，它是怎么抓取现场的画面，并且传输到大屏幕上的……"

随着现场观众的惊叹，演讲者引入主题："我今天要给大家演讲的主题是'一小时学会航拍'。"你看，这样的演讲是不是立刻就有了吸引力？

吸引听众之后，可以沿着鱼腹或鱼背两个方向进行。鱼腹是软的，代表感染力，可以用激情感染、深情感染、幽默感染，总之是用情感来打动人。鱼背是硬的，代表启示力，可以用空间启迪、时间启迪、矛盾启迪等方式来启示听众（见表 5）。

表 5　演讲之鱼的四力十二法

四力	十二法
鱼头：吸引力	感官吸引法 问题吸引法 事例吸引法
鱼背：启示力	空间启迪法 时间启迪法 矛盾启迪法
鱼腹：感染力	激情感染法 深情感染法 幽默感染法
鱼尾：推动力	语言回应法 情智回应法 行动回应法

"我从小就有一个梦想，做一个飞行员，能够在蓝天上自由飞翔，但这一双近视眼阻碍了这个梦想的实现，不过今天我没有遗憾，我实现了另一个梦想，让我的无人机自由飞翔，把天上能够看到的最美的画面都记录下来。人的梦想不一定实现，但如果你不放弃想象，你的梦想可以在另一种条件下实现，而科技和艺术就是我梦想的翅膀……"

诉诸感情，又诉诸哲理，结合得非常好。但是动之以情、晓之以理之后，如果听演讲的人挺激动但没有行动，那就白讲了。没有鱼尾，这条鱼的完整性就被破坏了。所以最后还得调动大家的推动力：

"我下周日下午 2 点，在莲花山公园有一个航拍现场教学，想要参加的人，会后请找工作人员报名。"

这就是一条"全鱼"，一次心动、情动、理动、行动四要素完备的演讲。

演讲是一门专业。只停留在经验的层面上的人，不管经验有多丰富，也是有时候演讲会精彩，有时候演讲会很烂。知道了"演讲四鱼"，下面我们可以尝试用专业的眼光，去破解演讲的奥秘。

我们结合本章开头演讲的案例，来做一下分析。

鱼头：他的动作、手势，经过专业训练，而且表情具有亲和力。这是感官吸引，关键是，他在这里用了事例吸引：那个人就是我老婆，并引出了自己的观点。另外，他特别注意和听众的互动，来启发听众的情智。

鱼背和鱼腹：说男人爱讲道理，女人不是辩手而是评委，开始升华。情理开始交融。最后情理交融到高潮：男人之所以愿意输，主动输，一切源于爱。在这一点上，启示力和感染力可以达到 4~5 分了。

鱼尾：理说得特别透——男人总是输，女人总是赢，那只是因为爱。在推动力方面，让听众做一点什么，我认为是很必要的。他其实也有升华和推动，就是号召和要求大家怎么做。但是关于爱的理解，还是要再拔高一下：天下的男人们，爱一个人，就这样去做吧，不仅满足她的物质需求，还要给她高层次的情感之爱、灵魂之爱。

我们能不能比职业演讲者做得更好？能！只要更专业。我自己在培养一些企业家的演讲力，已经取得了一定的成绩，演讲者未必形象有多么惊艳，无须才华有多么出众，都可以做到人见人爱。为什么？这和表达力是有一定关系的。比如出席公众场合的时候，有人三两句话就把大家的眼球吸引过来了，他的观点被接受，惊艳全场。如果你也希望做到这一点的话，那我们可以来一个专业的训练，进一步体会"演讲四鱼"的奥秘。

丰盈之爱篇

Love
Quotient

财商六阶，晋级富足人生

　　纽约市立大学有一对教授夫妇，42年前出了两本书，得到5万美元稿费。他们不知道该拿这5万美元做点什么。他们除了自己的专业，对其他赚钱的门路都不了解。恰好他们是巴菲特的朋友，那时候巴菲特有点小名气了，不过还没特别有名，但他们很相信巴菲特，把5万美元交给他打理了。他们收入不低，平常也用不着那笔钱。就这样过了30年，教授去世了，在葬礼上，巴菲特见到了教授太太，跟她说，那笔钱，他做理财已经涨到6000万美元了。教授太太大吃一惊，后来她自己也花不了，就捐给慈善事业，让巴菲特继续给她做理财。等到教授太太去世的时候，5万美元已经变成1.2亿美元了。

经济独立会涉及财富获取能力，我们把它归结为财商。一个有财商的女人，她的运气差不到哪去，她往往比普通人容易实现经济独立的目标。前些年很流行的一套书，叫《富爸爸穷爸爸》，里面讲到了财商，指的是传统的财商，讲了四种经济状况。

第一种经济状况叫他雇，就是你做雇员，别人雇用你，你拿一份工资。

第二种经济状况好一点，叫自雇，也就是你靠自己的技术、靠自己的专业能力去生存。比如独立的律师、牙科诊所的牙医，靠自己的本事来雇自己。

第三种经济状况层级就比较靠上了，叫雇主级，就是你自己做生意，雇别人给你干活，你是老板。

第四种经济状况是投资级。你做投资人，又赚钱，又不像老板那么辛苦。

这四种传统的财商依然存在，但是如果只局限于这四种财商，很多人这辈子也做不出头来。因为你没有钱去投资，又没有能力和技术单干，你能干什么呢？

我们必须打开眼界，看到更高一点的地方：投智，投人。投人是最高级的一个能力，你看对了人，就好办了。但问题就在于，你要有投人的核心能力。

比如，刚开始你打工，处在他雇的阶段，你要有体力和脑力的付出。自雇的时候，你要有专业的技能。你当雇主的时候，要有整合资源和组织的能力。你想做投资的话，要有资本和资源。你要投智，比如做企业的顾问的话，得有智慧和专业能力。你要投人，得有眼力和定力，投错了，一辈子倒霉；如果你投对了，但是没有定力，跟着跟着跟丢了，也成不了大事（见图 26）。

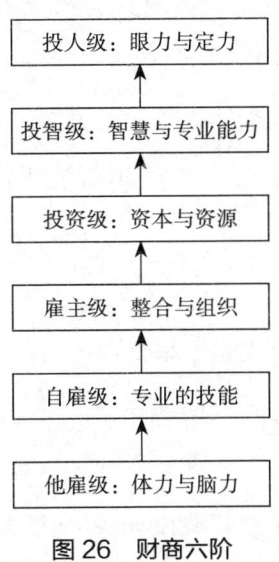

图 26　财商六阶

你现在处在财商的哪个层级上呢？有的人说，他现在在最低一层面上，是一个打工者。那打工者真的就比老板差两个等级吗？不一定。我们把老板比作狼，把打工者比作牛，狼是食肉动物，本来看着比牛厉害，但是现在有种"弱狼强牛"现象，强牛胜过了弱狼。比如很多经理人百万、千万年薪，老板辛辛苦苦干一年，不一定比他收入高，老板是头病狼、瘸狼、老狼，是头不思进取的狼，那还不如那强壮的牛。所以不要总认为当老板就好，没有当老板的能力，还不如打工。大打工强过小老板。

假如你到了投人的层级，你跟对一个老板，成为股东和投资人，跟企业共同成长，绝对胜过自己白手创业。借助别人的能量去创业，非常好。

这六个层级，每一个层级需要具有相应的能力。能力匹配了，你就幸福；能力不匹配，照样难受。

那怎么投人呢？投人具体在于你的眼力和定力。

本章开篇的案例中，教授夫妇相信巴菲特，30年都没怀疑过他，这就是眼力好，定力也好。

当然大家会问，投什么样的人最好？我们的理论是，投红点人。什么是红点人？判断一个人是不是红点人有什么标准？

第一，回报率高。怎样判断回报率高低？其实很简单，你去了解，去沟通。比如在一个公司里，老板说他"这是个赔钱货"；你问他老爸老妈，他们说"这个儿子就算我没养"；问朋友，他们说"他总是欠别人的情"。这样的人从来都不会回报别人，能回报你吗？

有的人选择去投项目，我在这里建议大家，先看人，投人比投项目重要。投人投错了的话，即使项目赢了，你也赚不到钱，他赚了钱不回报给你。如果投项目投错了，但是投人投对了，那人迟早也会帮你赚回来。

那从哪些方面去判断一个人的回报性？

首先，从三观上去判断。如果他有共赢互利的价值观，就具有了回报性的一个前置性标准。他愿意共赢互利，而不是非常自我——什么都得对我有利，对别人有利就不行。

一个真正的聪明人，懂得互利共赢。高手都是想让别人先赢，自己后赢，为什么？两个人一起做事，先赢的是小赢，后赢的是大赢。比如一个企业里的老板，开工了，老板先要缴纳各项费用，购买原材料投资，给员工发工资，这一年他可能都没赚到钱。作为工人，你先赢了，但是老板赢的时候，他赚得多。

其次，看他是否有情感回报。回报不一定是同步的。你帮了他，他马上回报你，这是一事一报，这往往是生意。真正的情感回报是，你不需要我的时候，我先不还这个情，我记在心里，等你需要的时候，我立马出手相助。不是锦上添花，而是雪中送炭。

最后，看他回不回报恩情，是否回报对他付出最大的人，即要看他回不回报父母，回不回报老师，回不回报帮助过他的贵人。

如果这几条他都做到的话，这个人就是有回报性的。

当然我们还要训练孩子的回报能力。比如孩子小的时候，我们对他无条件地付出，不能跟他说："不用对爸妈好，爸妈对你好是自愿的"。这样就把孩子养坏了，因为他会认为世界上所有人对他的好都是应该的，他不需要回报别人。

另外，也要训练丈夫或者妻子的回报能力。把爱循环起来，创造这种氛围。更要训练公司员工的回报能力。有的时候企业遇到了困难，老板顶上，那是对的，但是员工也得跟上。只有愿意付出的人，才能获得更大的幸福。

第二，有成长性。他现在回报率很好，但他不学习，明年、后年就做不了你的合伙人了，他已经落后，跟不上你了。

第三，自省自律。就是会自我反省，约束自己。如果一出了问题就怪你，一有功劳就说是他自己的，这种人就不能合作。

第四，容人。如果你出了错，他说不要紧，咱们一起去解决，这种人就可以合作。如果你出了错，他要趁机整死你，那千万要小心。

五彩人生，支撑情感独立

《天水围的夜与雾》这部电影，是根据真人真事改编的。

女主人公是张静初扮演的川妹子晓玲，男主人公是任达华扮演的香港人李森。两个人在深圳的夜总会相识，互有好感，发生了关系。一来二去，晓玲怀孕了。李森说愿意和她结婚。李森有妻子，但是妻子是个"母老虎"，他对自己的婚姻也不是很满意，所以看到晓玲这样温顺的人，就愿意和她在一起。

李森在香港是做装修的，赚了一笔钱，带着晓玲和这些钱来到了晓玲的四川老家，给晓玲家里盖了一栋小楼，把剩下的钱都给了晓玲爸妈。因为他本身就是做装修的，有钱又有手艺，村里轰动了，都说晓玲家找了一个好姑爷，是香港富豪。李森也很享受"香港富豪"这种感觉和村里人对他的尊重和礼遇。

李森开始有了一些变化，对晓玲的妹妹动了歪心思。李森背着晓玲侮辱了她妹妹。晓玲不知道，她爸妈看出来了，因为李森有钱，她爸妈就睁一只眼闭一只眼。

后来李森没钱了，问题就来了，晓玲家里势利，她爸妈就开始冷讽热嘲，天天挤对他。李森实在被挤对得受不了了，带着晓玲到了香港天水围。回去之后一直找不到工作，申请救济金。但晓玲还是有想法的，生了一对双胞胎之后，她不甘于接受救济金，就去饭店里打工。李森不太高兴，但多挣一点钱他也默许。只是晓玲很漂亮，穿着白衬衫，里边没注意，穿了黑色的内衣，结果很多男人一直瞅她。李森去吃饭，看到了这一幕，心里很生气。

他在饭店里没说什么，回到家里之后，当着两个孩子的面，对晓玲拳打脚踢，拿出刀子来泄愤，差一点把晓玲的眼睛扎瞎。这个时候晓玲选择了忍。因为她在香港没有依靠，自己没有资格领救济金，工作也不符合当地的地方性法规，还有两个孩子，所以她忍了。

接下来李森变本加厉，有一次就因为晓玲把米打翻了，他就把晓玲和孩子全部赶出家门。晓玲打电话给妈妈，说自己被家暴、被虐待，但是那个愚昧的妈妈告诉她，哪有女人不挨打的？女人挨点打，很正常。

她报了警，但因为没有多少证据，警察也不管。没办法，晓玲带着孩子回到了深圳，仍旧去夜总会打工。没多久，李森就找到这儿，让晓玲跟他回去。晓玲不回去，李森掏出刀子朝自己的肚子上捅，用这种自虐的方式逼晓玲回去了。

回到天水围之后，李森的心理已经扭曲了，家暴一次比一次更残忍。晓玲来到了救助站，没有带孩子，李森在家里虐待孩子，说她如果不回去，就把孩子杀掉。当母亲的怎么办？晓玲还是回来了。回来之后李森发了疯，当着晓玲的面把两个女儿杀掉了，然后又把晓玲杀掉，之后他也恐惧，为了逃避罪责，捅了自己一刀，打电话跟警察说，晓玲疯了，把两个女儿杀了，他是自卫，也被扎了一刀。但是李森扎得太深了，警察到的时候他也死了。

这部电影，男人要看，女人更要看，给人太多启发了，可以当作进入婚姻的必修课。但是很多人就是看个热闹，看完说一句"女的太惨了"，骂一句"渣男"。那这部电影到底讲了什么？

我们用爱商来分析，这部电影会带给我们什么？从女人的角度来看，情感不独立，经济不独立，也没有不断迭代的美丽和魅力。因为人性的缺点，晓玲放不下恐惧，放不下贪欲，又自欺欺人。李森也是，他恐惧妻子弃自己而去，所以他宁肯自残，也要把晓玲弄回来，之后又患得患失，放不下。这种自欺自哀的心理造成了两个人的扭曲，所以悲剧发生也是必然的。

男人也好，女人也罢，如果经济不独立、情感不独立，又不能自我升级，在爱情中就会越爱越悲剧。如果不爱了，两个人其实可以和平分手，但是扭曲的爱导致了悲剧。

我们的情感怎样才能实现独立呢？情感是需要四个方面来支撑的（见图 27）。

第一个方面是健康。健康是第一位的，寿命是形式，健康是本质。长寿活着，但是久病卧床，不但自己过不好，也耽误儿女。儿女们也有工作、事业，哪能陪得起呢？所以自己健康很重要。

第二个方面是美丽。美貌是形式，愉悦是本质。自己的美丽和魅力不断，活出自己的精彩。可以活得很精致，越老越精彩。什么叫生日？就是每年重生的日子。有一些人很漂亮，但是别人一看她就难受，这种叫囊美人。愉悦是本质，你一定要有让别人感到愉悦的那种美丽。

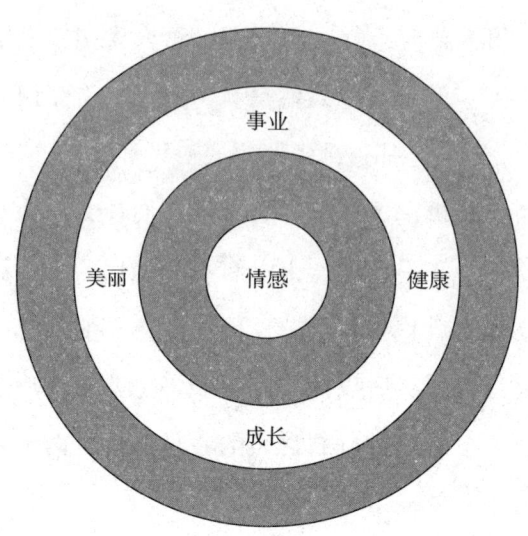

图 27　情感的四个支撑面

第三个方面是事业。工作是形式，事业是本质。事业是最好的荷尔蒙。一个人有事业了，生活就有了奔头。你工作是为了实现一个梦想，那是做事业；工作是为了实现一个欲望，那是做小生意了。很多人退休之后，什么都不干了。但是那些富豪，80 岁、90 岁还在做事业，事业使人年轻。

第四个方面是成长。学习是形式，发展是本质。你需要不断学习。你不学习，不成长，事业也会垮。你不成长，逐渐会被时代淘汰，要不断进取。

在成长中，读书是一种特别好的路径。参加培训、出去听课当然也是好的路径，但是大量的自学是在读书中完成的。有人说，我喜欢读书，但是要读点什么书才好呢？

其实读书跟我们吃药、吃饭一样，读什么书因人而异，因时而异，因目的而异。比如想提升智商，不想交智商税，可以去读哲理书和历史书，这些书的智商含量最高，营养最好。如果想提升情商，可以读一些文学作品。那些作品里描写了各个时代的生活、人情处事，尤其是情感生活。如果想提升专业知识，就去读一些专业书、工具书。

如果想全面提升，我建议大家读无字书。什么叫无字书？就是人。读懂一个人胜过读 100 本书。

现在很多人到处去听课、学习，看到好的内容就想学，其实也不太好。因为世界上最厉害的人终其一生，也只能学到人类知识的 5‰。知识的海洋太广阔了，而你的生命又太短。所以要根据自己的需要建立一个架构，去有选择性地读书，学习。

回过头来，最简单、最有效的学习，就是读无字书，即读人。你去读他的阅历，读他的方法，尤其是和那些成功的人或者失败过的人在一起的时候，你总结他成功或者失败的经验教训，你自己的经验也多了。

一个好的丈夫，一个好的妻子，也是一本书。但是如果这本书不更新，不修订再版，对方读了几遍，也就扔在那里了。两个人为什么过不下去？肯定是因为其中有一个人成了一本旧书。

我们要不断地成长，和那些能够滋养自己的人在一起就是读书。

爱情不是生命的全部。我们还有亲情、友情、事业、健康，所以幸福不能只有唯一来源，有了这四个支撑，我们的情感才能独立。两个人在一起，结合是形式，真爱是本质。如果只是结合在一起，但是两个人不相爱，那也没什么意思。

爱情会疲惫，必要的时候我们可以给爱情放个假。很多人老黏在一起，又不成长，每天都是一个样子，就很容易出问题。比如"新冠肺炎"疫情期间，离婚率上升，就是双方待在一起时间长了，都不成长、不新鲜，各种矛盾就爆发了。

我们再转回电影《天水围的夜与雾》，仔细研究，会发现李森其实也挺可怜的。电影里有恩爱的情节。一个是晓玲怀孕了，他挺有担当，说娶她，并到了她家里，给她家盖了新房子，剩下的钱给了晓玲爸妈。后来没钱了，被赶出来，回到香港。刚开始那段时间，他对晓玲和孩子特别好，骑着自行车接孩子上下课，没有公共浴室，就用盆子接水，给晓玲洗头。他其实也不全是个坏人，最后是对失去心爱的妻子的恐惧，造成了他的扭曲心理。

晓玲刚开始对李森的各种行为都采取了忍，忍让是优点，但是过了底线就成了无底深渊。晓玲其实是一个能力和想法都比李森强的女性，她不愿意领取救济金，自己出去打工挣钱。李森虽然嘴上不愿意，但心里也是默认的，多挣钱总比只领救济金强。但是他对晓玲有强烈的占有欲，绑定了她。晓玲是一个有思想的人，想通过自己的双手在香港生活下去。李森却一直堕落着，两人矛盾自然越来越大。

晓玲对李森的感情也是复杂的，他把自己带出了夜总会，娶了自己，给自己家里盖了房子。但是李森是个没志气的人，穷却不改变，宁愿以死相搏，也不改变自己。你没有自爱的能力，你不上进，最后还想把一个比你强的人圈在自己的身边，即便是把人拦住了，能拦住心吗？不能。幸福的人是把自己托付给自己，不幸的人是把自己托付给对方。所以无论男人女人，都要下定决心去成长，去改变。

两极平衡，走出"圣马"陷阱

　　刘鑫在日本留学，结识了一个好闺蜜，叫江歌。刘鑫和男朋友世峰闹崩了，男朋友要跟她算账，她就躲到了江歌家里。世峰来江歌家里找她，江歌拦住了他。世峰发怒，刘鑫锁着门不给开，江歌当时也没地方逃，被世峰用刀捅死了。江歌妈妈让刘鑫出来作证的时候，她不肯作证。她说江歌的死和她无关，她不能作证。后来有舆论压力了，她对江歌妈妈痛哭流涕，指天发誓。之后，她发现没用，就开始怪罪江歌妈妈，并专门发微博，说话很刻薄、很恶毒，甚至发微信问江歌妈妈，人血馒头好吃吗？

　　这个案子有很多人关注，大家觉得刘鑫的人品有问题。如果你只看到人品问题，你就是个普通人。其实应该再往深一层看，叫人格问题。我们重点不是分析人格好坏，因为人有善恶两极，有的时候偏这边，有的时候偏那边。

　　今天我们就学习一个关于爱情中的人格的理论。爱情中有两种极端人格，一种叫圣母型，另一种叫马基型（见表6）。还有一种正常人格，叫常人型。

表6　爱情中的两种极端人格："圣母型"与"马基型"人格

	马基型（爱自己）	圣母型（爱他人）
准则	第一准则是取悦自己	第一准则是取悦别人
要求	敢于提出自己的要求	不敢提出自己的要求
拒绝	敢于拒绝别人的要求	不敢拒绝别人的要求
利益	发生利益冲突时不会让步	发生利益冲突时会让步
情感	常被别人评价"冷血"	常被别人评价"好人"

　　马基就是马基雅维利，意大利一个政治家的名字，马基雅维利主义代表着自私自利。圣母型就像圣母一样关爱别人。

　　马基型人格的第一行为准则是取悦自己。圣母型人格第一行为准则是取悦别人。常人型则是爱彼此。

　　马基型人格敢于提出自己的要求，圣母型人格不敢提出自己的要求；马基型人格敢于拒绝别人的要求，而圣母型人格不敢拒绝别人的要求。

　　刘鑫当时从火车站回来要躲到江歌家里，江歌不敢拒绝。日本的规定是没有登记，不可以随便去别人家里的，但是江歌不敢拒绝，就让刘鑫进来了，并且给她准备了吃的东西。

对自己有利的时候，马基型人格的人对利益肯定不会让步，他就要强占；圣母型人格的人在发生利益冲突的时候，总会后退一步。

马基型人格的人总会被别人评价为"冷血"，圣母型人格的人得到的最典型评价就是"好人"。但是这世界上有一半的悲剧都是"好人"造成的。

圣母型人格不完整，是因为这是一种允许被侵占的性格，他让步，结果别人入侵。往往是圣母型人格的人，培养了马基型人格的人。很多做母亲的人就有圣母型人格。孩子咋样都行，她们生存就是为了孩子。这样未必能培养出好孩子，很可能培养出来的孩子谁都不让，到了社会上也是带有侵略性的人，总是给别人搞破坏。

马基型人格和圣母型人格经常会组合在一起。人性就是侵占性的，你让一步他就进一步，比如从结婚那天开始，你就给他洗脚，突然有一天没给他洗，他就会大发雷霆，把洗脚盆子都摔了。为什么？习惯成自然了。所以人得有一个边界，不能无限地忍让和被侵入。

我曾在电视节目上看到过这样的事件，马基型人格女孩要抢圣母型人格闺蜜的男朋友，而两人之前好到可以穿一条裤子。

圣母型人格女孩 A 看到她的闺蜜马基型人格女孩 B 没人陪伴，觉得她挺可怜的，于是吃饭的时候叫她，逛街的时候也叫她。结果女孩 B 理解为闺蜜在跟自己秀恩爱，是想让她难受。于是她就萌发了把女

孩 A 的男朋友抢过来的念头，而且在一定程度上达到了目的。女孩 A
发现之后，两个人开始有矛盾，最终在节目里对峙。

女孩 B 在节目里理直气壮地说："她（A）让我上这个舞台，是把
我架到火上烤，但是我并不害怕。因为我心中有爱，我想通过这个舞
台告诉 ××，我有多么爱他。"

主持人问她为什么会有这么大的勇气，虽然没有结婚之前，大家
都有权利追求自己的真爱，但是毕竟有先来后到之分。

女孩 B 说："我觉得这个没有谁先谁后的道理，在我的概念当中，
爱情面前人人平等，只要他们没有结婚，没有孩子。"

主持人说，不喜欢他们带你一起出去，可以选择拒绝，或者直接
说出来，为什么不说出来呢。

她说（对着女孩 A）："我觉得没有必要。我认为你想让你男朋友
觉得你很好心。……我觉得我自身条件不比你差。"

……

我们从人格的角度评价，在表 6 中，女孩 B 其实就是靠左的马
基型人格，而女孩 A 靠右，自己把闺蜜引来，结果遇到这么大的麻
烦。那这两种人格我们学哪一种？都不学，而是回到中间来，做常
人型。

如果暂时还没改回来，那怎样才能让圣母型人格的人不被马基
型人格的人得寸进尺？我们要做到两极平衡，走出"圣马偏执"（见
图 28）。

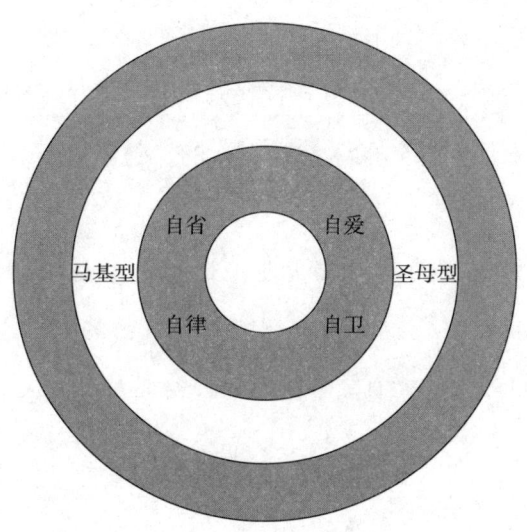

图 28 走出"圣马偏执"的四个方法

　　第一，自省。先参照"引言"部分的图 2 给自己打分，看自己在哪个位置。靠左还是靠右？靠右的话向左努力，靠左的话向右努力，向中线靠拢，看看自己有没有失衡，对方有没有失衡？改变，就是从"看轻"自己到"看清"自己。

　　第二，自爱。关爱自我。一定要爱自己，不能只爱别人。

　　第三，自律。管理好自己，特别是管理好情绪。连自己的情绪都降伏不了，还想降伏什么黑马白马？

　　第四，自卫。自卫就是设定底线，过了线就不行。

　　比如家庭暴力就是这样，从扇一个耳光开始，然后捆起来，手上脚上有伤，到捅死结束。家暴只有零次和无数次的区别，只要有一次，就不会是最后一次。有一些东西，你只要让了，一旦过了底线，就很难去拦住了。所以必须自卫。

做人要有边界，交朋友也是这样。有些人专门侵占别人的利益，伤害别人。如果他们遇到的人都是退让的，他们会更变本加厉，让做好人的人背负了责任。

当然话说回来，爱自己和爱他人是两个重要的部分，哪一个在前？应该是爱自己在前，因为没有能力爱自己的人，也不会爱别人。只有学会自尊自爱，才能有足够的能量去爱别人。

巅峰之爱篇

Love
Quotient

七项全能，开启圆满人生

　　有的人具备了高情商、高颜值、高学历，但照样活得很惨。

　　比如有的女孩被严重精神虐待，男生让女孩文身："我是×××的狗"。还有更变态的要求：你要怀上我的孩子，然后打掉，把证明留下来，当成对我忠诚的证据。男生是重点大学的三好学生、学生会副主席，在同学眼里，他是一个"为人重情重义"的师哥；女生是重点大学学生会的文艺部长，在同学眼里，她是"让人如沐春风"的学妹。看不出哪里有问题。但是要注意了：你，你的朋友，你的孩子，没出事前都很正常。

　　女孩的母亲找这个男生算账，他不认账，说："你女儿是个骗子，先前有过男朋友，不是'洁白之身'。"女孩的母亲说："你接受不了可以分手啊。"男生说："我分不了啊，哪怕一小时她不在我身边，我感觉生活都没有什么意义。"女孩的母亲看了女儿发给男生的最后一条信息："遇到了熠熠闪光的你，而我却是一块垃圾。"……彻底无话可说！人生惨败，是因为有些智慧在我们的认知区外。

在爱情和婚姻中，我们特别讲究圆满。所谓圆满就是没有缺憾的人生、无悔的人生。很多人在一辈子快要结束的时候回想往昔，会发现这儿也有缺憾，那儿也有缺憾，非常想弥补，但是已经晚了。这一章的内容，是让大家回首一生的时候，没有这种遗憾。

圆满人生七Q

什么叫圆满？如果把圆满做成一个饼图的话，它大概可以分成七块（见图29）。

图29　圆满人生七Q

第一块是智商（Intelligence Quotient，IQ），我们想要一个智慧人生，需要智商。第二块是情商（Emotional Quotient，EQ），如果你还想要一个和谐人生，需要有情商。智商和情商都是我们熟知的，能构建智慧和谐人生，但光有它们能让我们得到美丽的人生吗？那不一定。我们还需要有另外一种智慧，叫美商（Beauty Quotient，BQ）。如果想要一个健康的人生，那还需要健商（Health Quotient，HQ）。如果想有一个不屈不挠的坚韧人生，一定还要有毅商（Adversity Quotient，AQ）。毅力能够让我们在遇到挫折的时候不后退，轻松解决各种困难。如果我们想要有富足的人生，还需要财商（Financial Quotient，FQ）。这些都有了，我们还会觉得人生有缺憾。我们有了钱，但爱情不幸福，这就是缺了爱商（Love Quotient，LQ）。

如何修行七Q？其实去参加培训也好，自我学习也好，本质都是培养自己的习惯。我们都知道某种习惯好，但是我们没有形成那样的习惯，就会经常遇到知道但做不到的情况。知道了做不到，有时候比不知道还痛苦。看着目标就在那里，隔着一条河，隔着一层玻璃，别人一个一个都过去了，自己只能干看着，就是过不去。

很多时候，学习会给我们带来痛苦，因为我们被启发了，看到了一些东西，但我们目前还做不到。比如我们在家乡的时候浑浑噩噩，不知道什么叫痛苦，到了大城市，我们赚到了钱，有些小目标也实现了，但是我们认识了一个更大的世界，我们的行为和习惯跟不上，就会感到痛苦。

有人说性格决定命运，我不这么认为，我觉得习惯决定命运。因为各种性格的人都有成功的代表。成功的人，而且是持续成功的人，都有一些基本的习惯。无论是巴菲特、比尔·盖茨，还是马云、雷军，看他们的性格，其实看不出他们为什么会成功。但是看到他们的习惯之后，我们就会知道他们是如何成功的。

　　一个成功的人士，会有什么习惯？大家可以看看美国管理学大师史蒂芬·柯维的《高效能人士的七个习惯》。书中的七个习惯说得很好，不过不圆满。因为他基本上是指工作中的习惯。而整个人生包括工作、事业，包括如何交朋友，如何处理夫妻关系、亲子关系。

　　我们结合前面说的七Q看一看，应该养成什么样的习惯。

　　第一，智商。智商高的人有这样一种习惯：借智、借力。有的人遇到问题，就想自己怎么解决，这说明他还处在智商的初级阶段。智商的高级阶段是养成思考习惯：谁能帮我解决，我能借谁的力量，借谁的智慧来解决它？或者我能像谁一样去思考，像谁一样去行动？

　　有的公司里，可能员工有很高的学历，却被学历没多高的老板领导，因为老板善于利用别人的智慧、别人的力量。

　　第二，情商。情商高的人人际关系好。心理学专家丹尼尔·戈尔曼写的《情商》一书里提到，一个人的成就80%是靠情商，20%是靠智商。当然仅仅把情商和智商比较是这样的，但现在不同，我们提到七Q的概念，就不是这个比例了。

　　情商高的人总是让人舒服，他的人际关系很好，但是我们不知道是什么习惯导致了他人际关系很好。人际关系很好只是一个结果。得到这个结果的原因是什么？习惯，为人着想的习惯。一个人一事当前，先替别人着想，这就是高情商的习惯。

　　第三，美商。美商不仅指一般意义上的形象美，它代表的内容更深刻。美商的核心习惯是追求美好，追求世界上一切美好的东西。追求美好的人，犯错误都错不到哪里去。化妆、打扮得很美，只是一个方面。

第四，爱商。一个人爱商高不高，就看他是否悦己悦人。爱商高的人和别人在一起，他很喜悦，别人也喜悦。像马基型人格的人，就是只悦己不悦人，而圣母型人格的人是只悦人不悦己。二者缺一，爱商都不及格。

第五，健商。健商需要什么样的习惯？珍爱生命。热爱生命，把自己的生命像珍宝一样对待。这是最好的习惯。哪个人不热爱自己的生命？但你真的有这个习惯吗？

比如现在有一个常见的问题，晚睡。早睡是一种好的习惯，符合人体的生物钟，但是刷刷手机，12点了，上上网，过了12点了。谁都知道早睡好，但你为什么做不到？没养成那个习惯。有人开玩笑，"过了11点，就是不要脸""过了12点，就是不要命"。头天晚睡，第二天气血就不够丰盈了，会导致面色不好。

另外还有一些坏习惯，大家都知道对身体有害，比如抽烟、喝酒等。但是没办法，我们还是被坏习惯牵引。

"爱商"课程中有一个打卡活动，其实就是让大家慢慢改变。哪个人都不可能一下子改变，那非常不容易。但是比如昨天12点睡觉，今天提前10分钟，11点50睡，明天再提前10分钟……慢慢改过来。早起也是这样，今天早起一点点，明天早起一点点，逐步向前推，做到轻改变。

第六，毅商。毅商就是一个人有意志，有毅力。有人说，毅商的表现之一就是做一件事坚持到底，这只是一个表象，它的本质是言出必行。一个有毅力的人，是"我说到，我必须做到"。说到做不到的，发一百次狠也是没有意志力，只有想象力。一个能成事的人，一定要言出必行。

第七，财商。有财商是说自己会赚钱吗？会赚钱只是一个表象。能赚钱的商业逻辑起点在哪里？思利及人。也就是说，做生意也好，交朋友也好，有财商的人的习惯是先想到对方的利益。一事当前，先替别人着想，让别人发财。

这些年来我自己也养成了这样的习惯。很多人说，杨老师我能帮你做点这个，我能帮你做点那个。我通常都会问他们："我想知道我能帮你做什么呢？"其实财富就是这么来的。所有的财富都来自我们赋予了别人价值，别人回馈给我们价值，是一种价值之间的流动和情感之间的流动。做生意，做来做去做成了朋友，才是有高财商。

这七种习惯构成了我们的人生。那我们从哪里做起？如果每一项习惯打5分，5分算优秀，4分算良好，3分算一般，2分算较差，1分算极差。有的人给自己严格打分，画出了这样的线条（见图30）。

你的人生不圆满，问题出在哪里呢？比如图30中，智商4分，良好；情商3分，还可以；美商3分，也可以。但是爱商只有1分，极差；健商3分，可以；毅商4分，很好；财商只有2分。这种人就是很聪明、事事明白，但是缺钱少爱。

很多学员进行打分对照的时候，才发现自己竟然是那种人，吃了一惊，出了一身冷汗。其实这是一件好事。如果等你一生过去、回首往事的时候，才发现自己不行，那就已经晚了，现在开始还不晚。

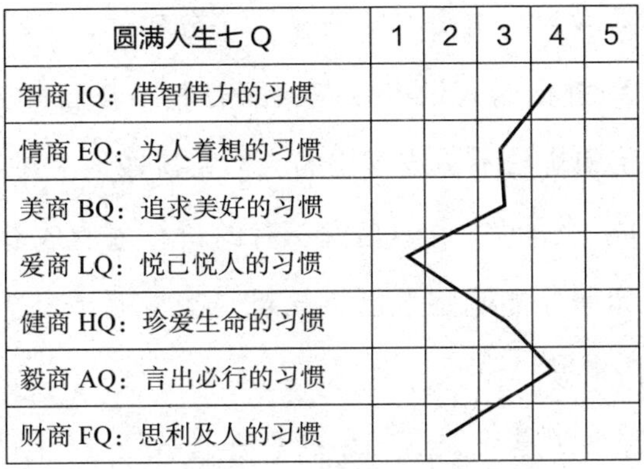

圆满人生七Q	1	2	3	4	5
智商 IQ：借智借力的习惯					
情商 EQ：为人着想的习惯					
美商 BQ：追求美好的习惯					
爱商 LQ：悦己悦人的习惯					
健商 HQ：珍爱生命的习惯					
毅商 AQ：言出必行的习惯					
财商 FQ：思利及人的习惯					

图 30 人生七Q打分

如果某一项到了 2 分甚至 1 分的时候，基本上就处于"残疾"状态了，图 30 中的人，财商处于"类残疾"，爱商处于"残疾"状态。这种人的表现是什么？一方面是情感不独立，一方面是经济不独立。而"爱商"课程就是矫正这种"残疾"的。

人生红点四要素

有些人也在修炼，在学习，在成长，但是在学习成长的过程中，他发现自己做了很多事却无效，而有些人似乎没有那么努力，但是运气特别好。比如我特别在乎那个人，我对他特别好，我爱上了那份工作，我也对那份工作特别用心，但是那个人不在乎我，那份工作我也并没有做到很好。另一个人看上去连心都不用，却很容易就找到了爱人，很轻松就能把工作做好。我做总是事倍功半，他做事总是事半功倍。这是为什么呢？

我们从小被教育，努力必有成果，一分耕耘，一分收获。但是，为什么有些辛勤耕耘的人没有收获，而有些不耕耘的人反倒有了收获？其实，收获和耕耘不是成正比的。你在盐碱地上耕耘和在肥沃的土地上耕耘，能一样吗？也就是说，对的耕耘才有收获；耕耘错了，就没有收获。如何才能确定自己耕耘对了呢？就是要选对事情来做，选有结果的事情来做。

我们一生中有哪些事是有结果的？哪些事是没有结果的？哪些事越费劲、越投入、越受伤，越是负收获？我们分析一下一生都做了什么事，比我们幸运的人做对了什么；我们想更幸运，应该做什么。

人生无非四种事。

第一种事，红点事，指一分耕耘一分收获、十分收获甚至百分收获的事情。

第二种事，橙点事，指虽然收获不多，但是总有收获的事。

第三种事，灰点事，指只有耕耘没有收获的事。

第四种事，黑点事，指耕耘之后，不但没有收获，还会遇到天灾人祸的事情。

用四张牌表示：黑点事是负回报，灰点事是零回报，橙点事会有收获，是正回报，红点事才是超值的 V 回报（见图 31）。

那你这一辈子，做了多少红点事？多少橙点事？又做了多少灰点事、黑点事？其实大部分人，一生中的很多时间都是在做灰点事和黑点事，也就是说，忙忙碌碌一生，回过头来，大部分做的都是没收获的事，红点事和橙点事的数量较少，但是这些较少的事决定了一生大

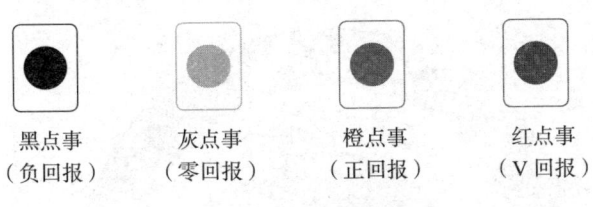

图 31　人生四种事

部分成就。

　　做红点事很重要，但怎么判断这件事是红点事，而不是灰点事，不是黑点事？我们先来锁定它，就像打枪的时候，要瞄准靶心，靶心是红点，而在靶边的就是黑点。喜剧是一枪打中靶心。悲剧是在黑点上拼命努力，不努力的话，只能算一出普通的闹剧，你越努力越是悲剧。不用在黑点上下功夫，锁定红点就行了。那如何锁定红点呢？

　　红点，一定要符合四个要求（见图 32）。

　　第一，对的人。人找错了，一切就都错了。对的人不一定是完全和你一样的人，但一定是和你优势互补的人。你弱的地方他强，他弱的地方你强，两个人是天作之合，无论是夫妻，还是合作伙伴。对的人具备这样的特点：他补你，滋养你。

　　第二，对的事。找到对的人没做对的事也不行，那只能做朋友。做对的事有一个最简单的判断标准，就是那件事是最适合你做的，甚至是为你量身定做的。世界上的好事太多了，但不一定都适合你。最怕的就是你一片好心，做了不适合的事。比如你五音不全，还特别热爱唱歌，成了麦霸，耽误一生。

　　第三，对的时间。有的事本身是对的，但过了对的时间点，它就

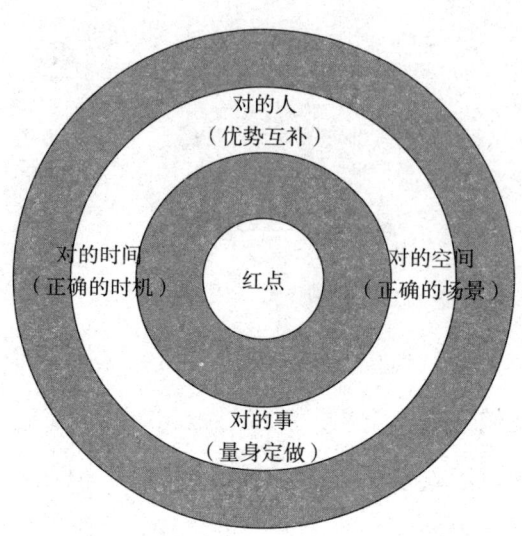

图 32   人生红点的四个要求

成了错误的事。婚姻也是这样，你可能喜欢一个人，但那人已经结婚了，就像歌词"他比你先到"说的，时间点错过了；而婚姻又有一个特点，通常会被契约锁定，有了孩子又被孩子锁定。多少对的时间都莫如珍惜当下。三生有幸，不如今生有幸；前世有缘，不如今世有缘。

第四，对的空间。比如创业，创业也是有空间和场景的。很多人在改革开放初期，在内陆城市一事无成，就是因为空间不对。他们到了改革开放的前沿城市，立刻就像变了一个人一样，大力发展起来，因为发展的空间对了。

对的人和对的事是纵向的线，对的时间和对的空间是横向的线。比如，在汉代你是周亚夫，可以成功；但是如果到了宋代，同样的事你很可能就是岳飞，那是悲剧。时代不一样，时势造英雄。

锁定红点，我们的人生就会大放光彩。费了半天劲没结果的人，一定是没锁定红点。

形象一点来说，在图 33 中，打到中心点就是十环，打到外圈一点，是五六环，再打到外面一圈，三四环，再往外打，脱靶了。

有很多人说，觉得这件事也好，那件事也好，都想做。做事的时候要考虑：第一，适合你做这件事吗？第二，你做得过来吗？此生太短，只够做红点。我们不要做太多的事，一定做那些最有意义的事，优中选优是那些正回报的事来做。

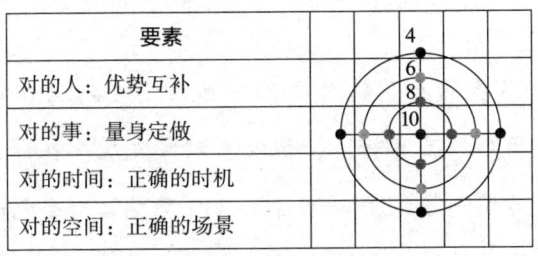

要素		
对的人：优势互补		
对的事：量身定做		
对的时间：正确的时机		
对的空间：正确的场景		

图 33　锁定红点

爱情的红点

人生红点四要素，对的人、对的事、对的时间和对的空间，爱情方面也是这样。

在爱情方面，错过即过错。因为它对于时间点、空间点、人和事的要求非常严格。一个人的爱情是有黄金期的，找对了时空点，找对了人，才能做对事。

通常我们犯的错误有三种：

第一种，在错的时空遇到对的人，这是无奈的故事。"恨不相逢未嫁时"，就是错的时间地点遇到对的人。

第二种，在对的时空遇到错的人，这是伤心的故事。时间、空间都对，但是遇到的那个人错了。

第三种，在错的时空遇到错的人，这是悲剧的故事。进入婚姻之后，女的说，"我好后悔，瞎了眼嫁给你这样的一个东西"，男的说，"我娶了你，算倒了八辈子霉"。这就是在错误的时间、空间遇到错的人。

如果能在对的时空遇到对的人，就是圆满的故事。

1982 年，18 岁的女孩杜彦丽在工地上遇到了 20 岁的山东德州小伙子张广浩，两个人互有好感，但没有继续发展。在分别的时候，杜彦丽给张广浩留了一张纸条，说自己家在黑龙江哪个村子，爸爸叫什么。这就是遇到了对的人，没做对的事，两个人错过了。之后处于失联状态。

后来两个人分别结婚，各自组成了不太幸福的家庭，又分别离婚了。2017 年，杜彦丽在 QQ 上聊天，就有人问她老家在哪里，是哪个村的，村里有没有一个人叫杜 × × 的……她说那是她爸爸。然后对方就说："你是杜彦丽。我是张广浩。还记得吗？"她说记得。

这一份感情刚开始由于时间、空间不对，即使人对了，开始也没成，直到 35 年后才有情人终成眷属。

汪明荃和罗家英的故事也广为人知。1970 年，汪明荃和港商刘昌华结婚了，1982 年，她主演《万水千山总是情》，当时非常红。汪明荃因为忙于工作，造成了流产。刘昌华跟她离婚了。之后她与何守信纠缠了长达十年之久，在这段感情中，汪明荃受到深深的伤害。1987 年，汪明荃和罗家英认识。之后互有好感，但是没实质性进展。因为罗家英觉得时机不对，自己跟汪明荃差得太远。2002 年，汪明荃被查出乳腺癌，在她最困难、人生最低谷的时候，罗家英向她求婚了，但汪明荃没答应。罗家英开始陪伴汪明荃，2004 年，汪明荃痊愈。但是罗家英又确诊肝癌，在汪明荃的陪护下，罗家英也痊愈了。2009 年，两个人正式结婚，有情人终成眷属。

有人问了，在对的时空遇到对的人是好的开头，那如何让这个结局圆满呢？

人是在不断变化的，场景也在不断变化。你们遇到的时候，都年轻，都在成长的过程中。如果后来，你在原地踏步，他已经走得很远，你们还想天长地久，那该怎么办？

被落下的那个人要努力向前。婚姻是一辈子都要滋养、修行的事。不是结婚就行了。夫妻还要不断地蝶变。走在前面的人也不能说，对方落下就落下了，而要搭一把手，把他拉过来，这才是精神之爱，彼此相携。白头到老不仅仅是年龄和生理意义上的到老，还有学习成长到老。

如果已经遇到不对的人，要怎么改变呢？

一定要先判断，这个人真的是不对的吗？这点很重要。要找到公正的第三方来判断。最好不是爸妈和亲兄弟姐妹，他们都是站在你的角度考虑事情的，俗称"护短"。最好是请专业的导师来当第三方。

如果第三方判断这个人确实是不对的，那还可以有三种选择：第一种选择，维持现状；第二种选择，积极改变；第三种选择，分开。维持现状和分开都是消极的选择。最好先考虑能不能改变，能在多大程度上改变？如果能改变，争取改变，因为很多的时候，对方不对，可能我们也有错。

就像《天水围的夜与雾》这部电影里，晓玲其实有 1/3 的错。第一，开始拿了李森的钱，吃了人家的嘴短。第二，在错误的时间、地点遇到错误的人，作为夜总会的小姐，在那个时候遇到李森，肯定不是正确的时间。

改变对方的同时要改变自我。婚姻和爱情不同，爱情很纯粹，一旦开始过日子，就没那么纯粹了。柴米油盐，你这有错我那有错。不是原则问题的话，可以双方各让一步。不要一味追求完美，相互要有弹性。如果努力过了，最后还没有效果，再考虑分手。这种叫和平分手。

如果有家暴问题，肯定要分手。但分手的方式要根据情况调整，不要像李森和晓玲那样变成悲剧。

有一个女孩子就比较聪明，碰上了一个渣男，她不说分手，而是反其道行之，说："我太爱你了。但是你开那破车带我出去，我觉得丢脸，你能不能够买一辆好车？""咱家还在租房子，你看人家的房子多好。""人家又穿了什么衣服"……她本身不是一个物质女，但是因为已经认清男方的面目了，就给他提出了一些不可能完成的任务。男方完不成，最后觉得特别烦，就主动放手了。面对这种男人的时候，也不能说别人的丈夫有多好，那样会引起他的暴怒。这个女孩子用了以进为退的方式，做到了和平分手。这是一种很好的办法。

五段摆渡，抵达爱的彼岸

奥黛丽·赫本，几近完美。不仅漂亮，气质优雅，演技精湛，还有一颗和外表一样特别纯洁的心，一生致力于慈善，是联合国儿童基金会亲善大使。但就是这样的一个人，爱情之路却坎坷不顺，不能和自己心爱的人走到一起。

21 岁时，赫本演艺事业刚刚起步，爱上了詹姆斯·汉森。她的妈妈反对这桩婚事，两个人那时候都小，拗不过家长，以分手告终。这是初恋。第二段感情，赫本和梅尔·费勒一见钟情，婚后五年生下一个孩子。但是，她总在外面演出，受大众欢迎，有很多人仰慕她，梅尔·费勒没自信，总是倍感压力。最后两个人不欢而散，离婚了。

这段婚姻让赫本身心受到重创，她出去散心，坐游轮，遇到了安德烈·多蒂，与他闪婚。结婚之后，她总结了上一段婚姻失败的经验，开始息影做全职太太，专心扮演好母亲的角色。但多蒂是个花花公子。两个人最后也散了。

到了晚年，赫本遇到了罗伯特·沃德斯，两个人都有比较坎坷的婚姻经历，两人相伴度过了一段幸福时光。

除了失败的婚姻，赫本的另一大遗憾，就是格里高利·派克。出演《罗马假日》的时候，赫本还是一个新手，这部戏是她的成名之作。派克当时是大名鼎鼎的明星，已经结婚，是三个孩子的父亲。于是她把这份暗恋放在了心里，两个人成为一生的朋友。

赫本结婚的时候，派克送给她一枚蝴蝶胸针，这枚胸针成为赫本一生的钟爱，在重大的场合她总是要戴着这枚胸针。后来赫本去世了，派克带着自己的妻子来给她送行，他给她抬棺。最后告别的场面特别动人，他吻着棺材说，你是我一生最爱的女人。人们把赫本的一些遗物进行拍卖，其中就有这枚胸针。派克参与了这次拍卖，买回了那枚送给她 40 年的胸针。

　　在相遇的过程中，我们会发现有很多事让人感到特别遗憾。最遗憾的不是爱情不美满，而是我们不知道它到底为什么产生遗憾。两个相爱的人，走着走着就错过了。而本想在一起长久过下去的人，却互相伤害。其实好像也没有什么矛盾，但就是没有了原来那种爱。爱情是有生命力的吗？爱情的生命力到底有多长呢？

　　爱情和婚姻是两个不同的概念，最美满的就是爱情和婚姻完全重合，最不美满的是爱情和婚姻开始是重合的，走了一段之后就分开了。

　　做企业管理顾问多年，我发现婚姻好比一家以经营情感为核心的股份制公司，家庭幸福率等于婚姻经营率。不管是一见钟情还是旷日持久的恋爱，充其量不过是创业的准备期，结婚只是开业大吉，后面还有 1 年纸婚、2 年棉婚、3 年皮革婚、4 年花果婚……25 年银婚、50 年金婚等。

　　在这个过程中，随时都可能会离婚。离婚一次就等于企业破产清算一次，再结婚，那就相当于二次创业。比如"真功夫"的潘敏峰和蔡达标，他们的婚姻就是创业又破产清算的典型。两人把一家甜品店做成了价值十几亿元的真功夫，说明在企业经营上，两人都是真的有功夫。可是在婚姻上，他们夫妻关系破裂，对簿公堂成为仇人，两人在这方面没啥功夫。

　　我们且从女方潘敏峰的角度来看，与蔡达标的婚姻，假如说是合股创立了一家情投意合的公司，她也算是原始控股大股东了，但是结果出现了第三者插足，而且，被恶意收购了。和经营企业一样，婚姻生活中如果感到太苦太累，一定是缺少智慧。大规模的婚姻经营破产，尽管还有重组二次创业的机会，但如果经营能力不行，重组的结果还是会二次破产，甚至三次破产，屡战屡败。只能说这样的人毅商强大，爱商很弱。

所以，先别急吼吼地找另一半。嫁了也 hold 不住，娶了也伤不起。我研究了大量婚姻失败的案例，发现绝大部分都是因为夫妻双方缺少爱的智慧。有一些最起码的东西大家都不知道，比如九成的人可能都不知道婚姻生命的五个阶段吧。

婚姻生命的五个阶段

为什么两个相爱的人走到一起反而容易出问题呢？因为我们从一见钟情到携手终生，不是坐一条船渡过生命之河的，这一生有五个阶段，每个阶段都需要换船。也就是说，你在河里乘一条船，在近海要换一条船，到远海又要换一条船……这五条船担负着不同的功能。只乘一条船是到不了最后的目的地的。经过五段摆渡，才能抵达爱的彼岸。具体来说，婚姻生命有以下五个阶段（见图 34）。

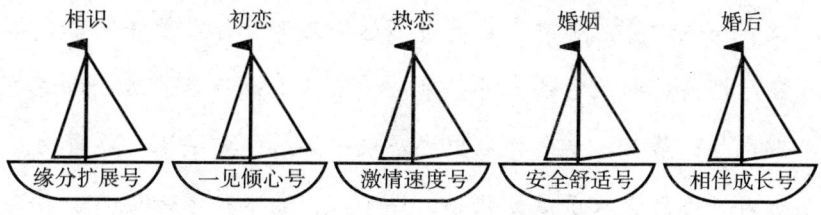

图 34　婚姻生命的五个阶段

第一阶段是相识。相识也叫缘起，缘起的时候，乘的船叫缘分扩展号。我很适合你，你也很适合我。如果因为我不知道你，你不知道我，导致我们都成了家，后来相见的时候，恨不相逢未嫁时，那是多遗憾的事情啊。所以在婚姻的前奏，缘起，一定要给自己一些机会，多结识这些缘分。无缘得见很可能就错过了，我们得创造这些缘分，获得更多相逢的机会。

第二阶段是初恋。这时要换另一条船，一见倾心号。眼缘很重要，越年轻的人，在恋爱的时候一见钟情的情况越多。初恋时荷尔蒙占了主导地位。

第三阶段是热恋。开始交往之后，会到达热恋阶段，那就得换激情速度号。

激情，就是恋情升温，由热升到狂热，甚至双方到了发昏的程度。一些爱情的悲剧也往往在这个阶段出现。有的遇到家庭的反对，结果家庭越反对他们越要在一起，甚至双双殉情。当然现在殉情的极少，私奔的越来越多了。父母养了孩子好多年，最后因为爱情，跟父母断绝关系的也不在少数。这些人最后有可能也会发现自己是错的。

我有一个学员，非常爱她前夫，愿意为那个男人做任何事。那个男人在结婚前就和她约法三章：第一，他从小就不会干活，结婚之后他不做家务；第二，要允许他出去应酬；第三，要给他一些自由。这个学员当时已经进入了最爱状态，昏了头，毫不犹豫地接受了未婚夫的条件。

　　这约法三章暗含的前提是：如果结婚了，女方必须为男方做各种改变，男方可以不为女方做任何改变。这是一个不平等的条约。

　　结婚后，那个男人真的是如约办事，一丁点家务都不做，天天喝酒打麻将泡吧，把妻子丢在家里。开始，妻子还不说什么，可孩子出生之后，那男人也不管孩子，活得比单身汉还潇洒。做妻子的实在忍不住，开始发牢骚："这也是你的家、你的孩子啊，你怎么能自己出去玩，把家务和孩子都扔给我一个人呢?! 难道，你就没有一点做丈夫、做爸爸的责任感吗？"那男人一句话就怼回来了："说话算数好不好？之前我们有约定啊，说好了的事，怎么又变卦了呢？"

　　不平等条约下，你的爱反倒成了问题。就好像当初说好了，人家不投资也占股份，你现在让人家投资，也是没道理的。夫妻可以有契约关系，但契约必须平等，单方投入，双方受益，甚至一方投入，只有另一方收益，这显然都是不公平的。这个阶段的经营重点是别因为恋爱昏了头，彼此承诺才是真爱。

　　那这个阶段为什么还要提到"速度"呢？因为由荷尔蒙导致的爱，温度很快就会降下来。有些人恋爱谈了好几年，其实是一个错误的时间选择。过了最高点，没有强力黏合剂，双方都特别清醒，开始互相审视，这个时候往往爱情就很难走进婚姻了。尤其对女孩子来说，时间成本很重要。你现在25岁，再谈五年就过了30岁了。所以这个时候我们特别强调两条：激情和速度，这个过程要又快又热才行。

　　第四阶段是婚姻。真正谈婚论嫁的时候，女人往往比男人更有激情。男人在这个时候开始谨慎：她嫁了我之后，我能不能 hold 得住？她能不能和我的家庭合得来？会不会过了几年又出问题？男人对条件越好的女人越采取谨慎的态度，审视自己能不能配得上她。所以这个时候要换一条安全舒适号船，让双方相处很舒服，可以是彼此一辈子的依靠。

这跟做菜一样，这个时候的火候，应该改成中火。"你要跟我扯证，不扯证咱们就拜拜"，与其语言上逼迫结婚，不如给对方更多情感、感觉上的安全感和舒适感。有了安全感和舒适感，就很容易进入婚姻的港湾。

第五阶段是婚后。如果婚前是诗酒茶，婚后就是柴米油盐，矛盾不可避免。结婚之后会发现，生活习惯上有问题，思想理念有问题，三观上也可能有问题，怎么办？七年之痒，没有激情了，怎么办？这时候就要换乘相伴成长号了，两个人必须在婚姻中成长，不能把婚姻看成是避风港。婚姻是一段新的航程，是一所永不毕业的学校。你在婚姻里是要学习的，而且要带动对方一起学习、一起成长，携手共进，要不然你走在前面，他落后了，你想爱他都不容易，因为他已经不可爱了。婚姻就是在尘世里的修行。

这一段的经营目标，就是共同成长。这个时期是婚姻存续的关键，由于年龄的增长，荷尔蒙消退，激情为主变成了亲情为主，这时候必须由恋爱伙伴过渡到知心朋友。而其中的关键，就是交流和沟通，夫妻之间要有说不完的话才行。这个阶段的经营重点就是深层沟通。

如果夫妻双方到了没话讲的地步，甚至相看两厌，那就是出现危机了。就像企业，企业经营出现危机有危机处理方式，婚姻出现危机，也要有应对危机的准备。双方尽全力去解决婚姻的危机问题。

什么情况下才可以破产清算呢？夫妻间情绝恩断。过日子，其实是和一个人的人品过一辈子，互相不认可人品的冤家捆绑在一起也只能交叉感染，治疗起来比癌症还要难。一声珍重，且放手，是我们对彼此最后的爱。

这一段的经营重点是合则携手共进，彼此成就；分则相互珍重，各自安好。婚姻是家事，也是经营大事。具有经营智慧的人，知道企业不是人生的全部。婚姻也不是人生的全部，保持高品质的婚姻很重要，保持高品质的人生更重要。

缘起最重要

婚姻生命的五个阶段中最难的是哪个？就是缘起。没有缘起就没有缘结。所以我们重点谈谈缘分怎么扩展。现在大龄男女越来越多，看着都很好，但就是找不到合适的人。

我们可以先算一下账，看你一辈子到底能遇到多少人，有多少缘分机会。

我们在学习阶段能认识多少人呢？小学 6 年，中学 6 年，大学 4 年，共 16 年，假设每班 40 人，两年分一次班，等于有同学 320 人。其中有一半是同性，剩 160 人。160 人中，适龄又没有对象的，大概占 20%。剩下 32 人，32 人互相交往，我们按八成淘汰率，剩两成，6 人。

6 人再按 20% 的保持率，最后也就是 1 人。

再说职场缘分。工作 10 年，假设 3 年转换一次同事，一共转换 3 次。每次了解 100 人，一共了解 300 人。其中有 150 个异性。适龄未婚的 30 人。互相交往保持 20% 成功率，6 人。深度交往保持 20% 成功率，也只剩 1 人。

所以人一辈子在能够近距离认识的缘分中，只有 1/300。这怎么办？其实选择一些大概率的平台和大概率的通道就好办。选择大概率平台，结识更多人脉。

另外，你不要以为你的结婚对象全都是未婚适龄青年。因为这里有一个意外事件，就是你结了婚也不一定保险，现在北上广深有 37% 的离婚率。也就是说，在已经结婚的人里，有些你看着特别适合自己，现在人家已经名花有主，不要紧。因为 100 个人里头有 37 个人还要重组，这也是你的机会。

问题是我们从哪里结识到这些人？婚姻中介？相亲市场？其实都不太靠谱，因为你心里没数，不知道最集中的人在哪里，最好的渠道在哪里。

根据《中国婚姻家庭调查报告》的统计资料，我们做了一个分析，见图 35。

最大的婚姻连接点在熟人介绍，占 54.3%。其次，是同学。包括小学、中学、大学和业余学习的同学，占 18.2%。在职场里结识的占 17.4%。这三个渠道占约 90%。这是大概率平台。其他的占 9.1%，婚姻中介这一块总共能够促成的只有 1%。

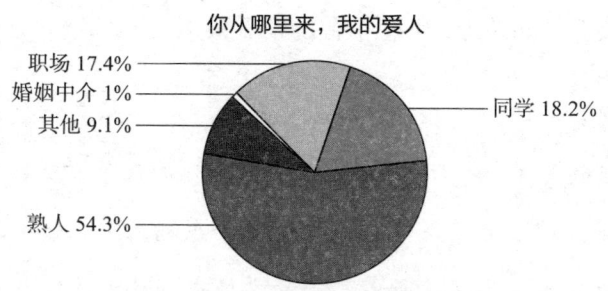

图 35　寻找结婚对象的渠道

　　而这个 1% 中，其实还有很多问题。

　　比如，相亲节目，影响力很广。但其实很多嘉宾上节目根本不是为了找对象，而是为了借助媒体让自己红起来。那些条件很好、从来不牵手的男士和女士成了节目里的"钉子户"。

　　各地也都有相亲角。上海的新闻记者用 54 个指标编码分析了 8 万多字的相亲内容，想要弄清相亲角的人们到底以什么为择偶标准。他们发现相亲者的父母把五大关键指标排在前边：颜值、房产、学历、年龄、薪酬。要见本尊，先要在大爷大妈这儿过五关。至于谈情说爱，对不起，先别扯那些没有的。这绝对是个商业市场，根本不是一个撮合爱情的地方。

　　套路最深的就是婚恋网站。比如你是女性，注册成功之后，立刻有男性给你发来站内信，如果你觉得对方不错，想要回信，要看对方的信息，就得先支付钻石币，或者购买更高一级的会员。购买之后，可能还要成为高级会员。有的人干脆一步到位，花了几万元买了高级会员。结果接下来的不是恋爱之路，而是漫长的退款和维权之路。

在聚投诉的网站上，婚恋平台的投诉最多。

有个网友叫锦华，在一家网站上认识了一个相亲对象。对方说他是驻叙利亚的美军，今年51岁，有一个7岁的儿子。交往了一段，到年底的时候，对方突然说他在美国的儿子生病，需要钱。但是联合国在这个营地不允许存钱，所以儿子的学校老师给他凑了钱，不过还差3200美元，问锦华能不能帮他。犹豫再三，锦华想钱也不算多，就让对方发银行账号，结果是一个开户行在许昌的招行账号。这很明显就是骗子了，但是人恋爱的时候会觉得对方好，总往好处想，所以锦华抱着一线希望把钱打过去了，最终的结果肯定是让她伤心的。

先恋爱，然后再慢慢找各种理由要你给他汇款，这是骗子一贯的套路。所以婚介市场套路深，我们要特别小心。

不能说婚姻市场中介都是无良的，但是自己一定要学会判断，只要里头加入了很多的商业成分，就很难防范欺骗的发生。

缘分中的桥牌和王牌

熟人介绍是广交友的一个重要方式。那熟人介绍，怎样提升成功率？

缘分中的桥牌和王牌能说明这个问题。

桥牌，就是指给你搭桥的那个人。俩人要先有连接，才有相恋的可能。所以这个搭桥的人特别重要。一个单身女性很少整天到处跟人说自己要找对象，但是如果她有一个姐姐，姐姐天天惦记着她的事，今天帮她找，明天帮她找，就很靠谱。如果你自己在 300 人里最多能够发现一个比较合适的人的话，那搭桥的这个人可能一个星期就给你介绍三个。

艾丽斯 31 岁，在休斯敦的一所图书馆里担任管理员，她在考虑成家，但是没有固定的男友，她的中学同学琼·奥尼尔对她特别上心，总想着给她介绍一个好男人。琼知道艾丽斯经常利用假期回米德兰探望父母，就跟自己的先生说了，让他帮艾丽斯找一找。恰好她先生的朋友坎贝尔孤身一个人在米德兰创业，所以夫妻两个开始牵线搭桥，希望把这两个人撮合在一起。

琼第一次建议艾丽斯和坎贝尔见面的时候，艾丽斯婉言谢绝了，她说知道坎贝尔是谁，但是她特别喜欢安静，不愿意参与坎贝尔的家族事务。但是琼这张桥牌好就好在热心肠，又跟艾丽斯提了好几次，建议他俩在一起聊一聊，说不定真能碰出爱情的火花。艾丽斯实在不好意思，就同意见面了。结果两人一见钟情，第一次见面就一直谈到很晚。第二天，坎贝尔就给爸妈打电话，说在米德兰遇到了一位极其优秀的女人，特别像妈妈。坎贝尔父母和艾丽斯见面之后，也喜欢上了秀美文静的艾丽斯。这次得来不易的见面，就是坎贝尔夫妇人生的一个转折点。

如果没有琼这张桥牌，哪来艾丽斯和坎贝尔的鹊桥相会？所以找到你的桥牌比自己着急要重要得多。也就是说，要想找到恋人，先要找到"链人"。你手头有多少能为你建立连接的人，决定了你能找到多好的恋人，这就是最好的通道。

你的爱商决定了别人愿不愿意跟你连接。如果你爱商很差，处世能力不好，从来不爱别人，哪有像琼这样的人爱你呢？你一定要结缘，很多的时候这个缘就在你旁边的那个人身上。他们不是你的结婚对象，但他们是你的链人。

如果男人和女人已经连接起来了，但是遇到了阻隔，比如遇到家长不同意，怎么办？婚姻遇到对方家庭障碍的时候，要通过对方的家庭中更有权威的人去解决。这样的人不是你的目标，却能助你达到目标，这种人叫王牌。

你不仅要做个有情人，还得做个有心人。遇到阻碍，不用一哭二闹三上吊，要借力、借势，找到同盟军。桥牌和王牌可以给你加分，大大提升你恋爱和婚姻的成功率。

五爱迭代，攀登人生巅峰

2008 年 4 月 28 日，一个男子被送到医院的重症病房。这个人姓李，44 岁，是江苏连云港的一名律师。李某被送到医院的时候，烧伤面积达到 50%，双眼可能会失明，尤其是生殖器官受伤严重。

李某本来有个幸福的家，职业也不错。2008 年，是他和妻子结婚 20 周年。李某由于职业原因经常出差，有时候几天都不回来。因为婚后有和其他女性交往的情况，所以妻子经常查他的手机记录和包。4 月 28 日凌晨，刚刚出差回家的李某又被妻子一阵搜查，最后实在忍不住，他提出离婚。妻子没说什么，李某就睡了。在睡梦中他突然感到脸上、下身一阵钻心的疼痛，原来是妻子拿了一瓶硫酸泼到了他身上。他想赶紧到洗手间去冲，结果妻子把被子捂上，死死地抱着他，抱了一个多小时。等到邻居来的时候，他身上还在冒烟。

庭审时，妻子说李某有外心了，要和她离婚。妻子非常害怕李某提出离婚，觉得李某就是她的命。李某最后在法庭上表示不追究妻子的责任。

    但是这日子怎么往下过？他们有孩子，李某又毁容了，他们每一天都得面对这件事，这个坎儿能过去吗？就算过下去还有爱吗？要这种空壳的婚姻有什么用？这意味着爱已经中断了。

    爱有五个阶段（见图 36）。

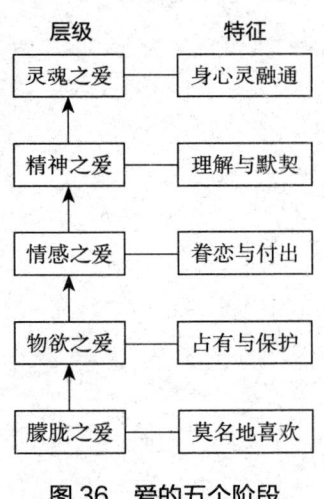

图 36　爱的五个阶段

    第一个阶段叫朦胧之爱，就是不知道为什么爱，情不知所起，一往而深。

    第二个阶段是物欲之爱，我占有你，你占有我，你是我的，我是你的。

    第三个阶段是情感之爱，我愿意为你付出，只要你好我就好。

    多数人终其一生都在这三个阶段上徘徊。比如电视剧《过把瘾》里的男女主角就是这样。

　　方言和杜梅彼此相爱又不好意思说破，以至于一次又一次地闹误会。直到有一天，方言跟自己的哥们儿说他想结婚了，理由是他看不到杜梅会做梦，梦见她跟别人在一起，他醒来之后就哭了。之后，方言跟杜梅求了婚，他们就去领了证。他们新婚的第一天早上，杜梅醒来盯着方言的脸看了很久，不知道为什么就这样嫁给了他。

　　接下来两人总是因为各种鸡毛蒜皮的事吵架。方言说杜梅的衣服太花哨；杜梅逛街看到方言和贾玲在街上有说有笑，她就吃醋了，和方言大吵一架。又有一次，方言跟杜梅吵架了，说要跟她离婚，杜梅生气地摔了家里的东西，拿打火机点床单，然后又紧紧抱着方言，说："我就是因为爱你才这样！"这部电视剧的主题歌就是这样唱的：

　　爱有几分能说清楚，还有几分是糊里又糊涂。

　　情有几分是温存，还有几分是涩涩的酸楚。

　　忘不掉的一幕一幕，却留不住往日的温度。

　　意念中的热热乎乎，是真是假是甜还是苦。

　　这就是爱说也说不清楚，这就是爱糊里又糊涂……

　　第四个阶段是精神之爱，双方彼此理解，很有默契。

　　第五个阶段是灵魂之爱，双方身心灵融通。不管你在与不在，我最爱的都是你，就像赫本和派克。

　　而在本章开头的案例里，李某的妻子最多是物欲之爱，以占有为目的。但凡有了情感之爱，妻子都不会做出这种伤害他的事情。真爱的本质是理解和奉献。

精神之爱和灵魂之爱，作为高阶的爱，一个是跨越了时空，一个是跨越了生死。如果最简单地概括一下，可以归结为两个字：懂你。一个眼神就知道对方需要什么，甚至不用问，就知道对方在想什么。

在本章结束的时候，我送给大家我写的一首诗——《你懂我，我懂你》：

让我欣赏的人，有很多；

让我心动的人，只有你。

不是因为你玫瑰般地美丽，

不是因为我钻石般地珍稀。

从一见到一生的理由很简单，

你懂我，我懂你。

你遇到了风雨，我懂你的委屈。

我结下了果实，你懂我的不易。

根连着根，能抵挡风风雨雨。

手挽着手，跌倒了也在一起。

默默无语，也能感受默契。

隔海相望，也能体会悲喜。

心心相印，让灵魂有了皈依。

彼此滋养，让生命花开四季。

此生最幸福的回忆，

是你暖暖地，暖暖地住在我心底。

恒久之爱篇

Love
Quotient

友情升华，结缘爱商闺蜜

在电视连续剧《我的前半生》中，唐晶和罗子君是一对闺蜜。两个人是大学同学，毕业之后，罗子君嫁为人妇，做了养尊处优的全职太太，把婚姻和家庭视为自己的全部。唐晶则成了职业女性，闯出了自己的一片天。

这两个人怎么能成为朋友？连唐晶的男友贺涵都忍不住吐槽，说："你整天忙得连饭都吃不上一口的人，去对一个每天吃饱了饭撑得没事干的家庭主妇随叫随到，图的是个什么？"唐晶对罗子君完全没有防备之心，数次让贺涵替代自己帮罗子君的忙。罗子君被前夫抛弃了，住在唐晶家里。唐晶出差的时候，就让贺涵给罗子君送午饭，开导她。罗子君没有工作，唐晶让贺涵帮她找工作，给她职场建议。罗子君的小孩叫平儿，不太喜欢新房子，她就让贺涵买玩具哄平儿开心。甚至当唐晶对贺涵心灰意冷逃到香港的时候，她还在飞机上给生命中最重要的这两个人发信息：一个是给罗子君的，说有问题找贺涵；一个是给贺涵的，叫他多帮罗子君。

罗子君也实实在在地接受闺蜜帮忙，让闺蜜替自己出手讨公道，让闺蜜出手斗"小三"。最后斗来斗去，自己变成了"小三"，和贺涵走到了一起。最后底牌亮出来的时候，唐晶如梦初醒。

在我们的爱情生活中，会有很重要的非血缘关系的人。第一位，就是你的另一半。第二位，是你的哥们儿或者闺蜜。理想的朋友关系，男人之间叫兄弟，女人之间叫闺蜜。

所谓闺蜜，就是相互之间无话不谈的女性朋友或闺中密友。闺蜜知道你所有的幸福和快乐、忧伤和恐惧、失落和尴尬，甚至你的父母、爱人都不知道的事，闺蜜都知道。

但现在社会上有这样一句话，叫"防火防盗防闺蜜"。《香水有毒》的词作者陈超，就写了《防火防盗防闺蜜》这首歌，歌里唱道："嘴里说的是甜言蜜语，却看不清她的面具。一直你对我很好，没想到你是脱了贼外套。"

其实，闺蜜如果要防，那她根本就不是真闺蜜。问题是你的闺蜜是唐晶还是罗子君？如果是罗子君，那确实要防着。如果遇到了唐晶这样的闺蜜，那就是完全不同的结果了。那么我们应该怎么选闺蜜？有没有标准？

有的。本章我们就分享现代闺蜜的六条标准（见图37）。掌握了这些标准，就知道她是不是你该结交的人。当然这个标准也适用于交朋友、交哥们儿。

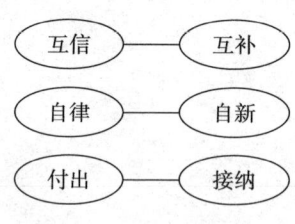

图37　闺蜜的六条标准

第一对，互信和互补。知心好友的标准，第一条就是彼此之间要信任。彼此防范，那就不是亲密关系，而是一般关系。除了信任，还要互补，性格、能力都要互补。真正的闺蜜，一般都是你的长项是我的短项，我的长项是你的短项。比如一个急性子、一个慢性子，一个活泼开朗、一个比较内向。

第二对，自律和自新。给闺蜜立规矩，这相当无利，也相当无效。规矩是自己给自己立的。一个自觉的闺蜜，她知道做人的底线是什么，也绝不突破这个底线。这就是自律。

我们在中学时有闺蜜，在大学时有闺蜜，到了工作岗位也会有闺蜜，但是有些闺蜜会逐渐就不来往了。一个原因是空间，另外一个原因就是两个人的差距越来越大。一个人在不断进步，另一个人还在原地踏步。很多在发达地区生活的人回到老家，和往日的闺蜜接触的时候，总觉得她已经不是当年那个她了，没有印象中那么美好了。就是因为她没有成长。夫妻之间彼此都要成长，更何况闺蜜、朋友？一个在原地不动的人，很难跟得上时代的节奏，也很难跟得上闺蜜的成长步伐，两个人的话会越来越少。

第三对，付出与接纳。闺蜜会相互付出，这一点是肯定的，如果没有付出只是接纳，肯定不行。关于接纳也要特别强调一下。假如你的闺蜜很有能力，能帮助你，你却说不要她的帮助，因为你怕欠她的情。或者你的闺蜜总是接纳你的帮助，却从来不肯帮助你，这两者都有缺陷。我们应该坦然接受闺蜜的帮助，同时尽自己所能去帮助闺蜜。在这一点上，所谓的对等不在于帮助量的大小相等，而在于你是否尽力了。这不是商业上的交易关系，而是感情上对等的关系。有付出、有接纳才能够形成一个良性循环。没必要一报还一报，今天你帮了我，我明天就要帮你，达到一种平衡。那叫客气，是对待外人的原则。

电影《七月与安生》里的一对闺蜜就是典范。七月家庭条件好，父母恩爱，她也是个乖乖女。而安生从小父亲就过世了，她调皮捣蛋，有点叛逆。可就是这样两个家庭环境和性格都迥然不同的女孩，却成了比亲姐妹还亲的闺蜜。七月经常把安生带到自己家，一起吃饭，一起玩耍，一起睡觉，甚至一起洗澡，分享着彼此青春期生长发育带来的神秘变化。

后来，七月与安生同时喜欢上了一个叫苏家明的男孩。七月喜欢这个男孩，男孩却喜欢着安生。好闺蜜没有因为一个男孩而反目。在爱情和友情之间，安生选择了友情。她背着背包去流浪，随处安身，把机会留给了闺蜜。七月嫁给了家明，而家明的心却依恋着安生。后来当七月明白了家明所爱的是安生的时候，从婚姻里跳了出来。在友情和爱情之间，七月也选择了友情。可安生最终也没选择家明，她怕伤害七月。这就是闺蜜关系的最高境界，可以为彼此的幸福而放手。

我记着你的好，全心全意为你好，但是不着急，这是一个长期的关系。谁都有困难的时候，闺蜜往往就是不求锦上添花，只求雪中送炭。

如果用一个最简单的词来形容闺蜜之间的关系，叫心疼。互相心疼，我心疼你，你心疼我，这才是情感之真的一个顶点。

在电视剧《谈判官》中，童薇和夏杉杉就是这么一对互相心疼的闺蜜。夏杉杉跟齐如海交往的时候，齐如海还和前妻藕断丝连，所以两人始终修不成正果。童薇也有自己的麻烦，但是她和夏杉杉之间，互相为对方操心，我替你着想，你替我着想，甚至为了劝说对方做出正确的决策，两个人还闹掰了，最后又在病房里互相理解，重归于好。

一辈子能有几个这样的闺蜜，绝对是人生一大幸事。因为很多话不能跟父母讲，不能跟兄弟姐妹讲，不能跟老公讲，但是可以跟闺蜜讲。如果一生中能有这样一些好闺蜜，那我们的生活、我们的情感境界就会到达新的阶段。

所以，不要再说"防火防盗防闺蜜"。寂寞时闺蜜是知心人，决策时闺蜜是主心骨，失落时闺蜜是开心果，遇难时闺蜜是避风港，无助时闺蜜是保护神。

我们对大量在婚姻中自杀的现象做了分析，发现很多人自杀，就是因为自己想不开，又没有可交流的对象，所以寻了短见。如果有了好的闺蜜，她可能会在你生命最脆弱的阶段，成为你的避风港。

我们对闺蜜有要求的同时，也要回看自己。在她寂寞时，你有没有做她的知心人？在她做一个很艰难的决定时，你有没有成为她的主心骨？在她失落时，你有没有成为她的开心果？她遇到困难了，你有没有成为她的避风港？在她无助的时候，你有没有挺身出来保护她呢？也就是说，自己也同样要符合这些要求，要对闺蜜尽到闺蜜的义务，这才叫好闺蜜。

另外，我们一般讲的都是同性闺蜜，有的人也有"异性闺蜜"。与异性闺蜜如何相处？我觉得男性和女性如果在一定的界限之内，完全可以成为一生的好友。但是还要看你的另一半怎么看。

第一，如果你的另一半是个"醋坛子"，你得想办法把这个醋调节好，必须对他公开透明。如果他坚决不同意，你需要再做考量。

第二，如果你的另一半无所谓，那你也要做到不过界，让另一半理解你，并有好的感受。

妙手回春，救治濒危婚姻

电影《消防员》讲的其实是家庭情感问题。消防员凯勒和妻子凯瑟琳都不能够理解彼此工作中所面临的压力。在日复一日关于工作、钱财和家务事的争吵之中，他们都不得不承认：这段婚姻已经走到了尽头。

影片中他们吵架的起因都很小，比如凯勒回到家里没饭吃。但是情绪爆发的时候，什么难听话都能说得出来，比如"我恨不得你去死"。

凯勒是个救火的英雄，他的座右铭是永远不要把同伴抛在后面。救火的时候，本来他已经出来了，发现同伴还在里头，又冒着生命危险回去把同伴抢救出来。但是他自己的这句格言却没用在妻子身上。家庭婚姻"着火"了，他就让妻子生活在这种水深火热之中，没有一点办法去解救自己，解救妻子。凯瑟琳是当地一家医院的公关主任，本身是做人际关系工作的，但是处理不好夫妻关系。所以两个人一致认为，这是一段失败的婚姻。

在我们的生活中，多少夫妻都是由于这些吵闹导致了分离。2018年的统计数据表明，全国有 1010.8 万人结婚，446.1 万人离婚。到了2019 年，全国结婚的是 947.1 万人，离婚的是 415.4 万人。结婚的人少了。2020 年，有些城市的民政局传来消息，因为"新冠肺炎"疫情的关系，很多人要求离婚。为什么？因为天天待在一起，有很多鸡毛蒜皮的事让夫妻双方不再是恩恩爱爱，而是你争我吵。

那离婚了再结一次婚会怎么样？根据我们对婚姻的研究调查，其实不怎么样，有的人再结一次，还是原来那样。因为他处理夫妻关系的能力没变，和谁结婚都一样。

那应该怎么处理夫妻关系？

假如我们是影片《消防员》中的主人公，遇到了这样的问题，该怎么去解决？这里我们提供给大家一个基本的工具和方法，妙手回春，救治濒危婚姻——QP 五步法。

第一步，对现状进行评估。通常情况下，如果婚姻出现了危机，我们一个自然的反应是什么？是不是"我该怎么办"？其实这是个错误的反应。专业的反应是，"现状到底到了什么程度？""已经到了危险的程度吗？""到了感情破裂的程度吗？""我恨他吗？""我一分钟都不想和他在一起吗？"

如果你恨他恨得要死，恨不得杀了他，说明你还爱他。因为爱的反面不是恨，爱的反面是冷漠、无动于衷。他是不是个人，都跟你没关系，你根本就不想他。你如果还处在愤怒之中，其实是一种求爱不得的情绪。如果你还在恨他，这件事在你这个方面还有挽回的余地。

一般来说，婚姻关系可以划分为五个级别：无风（气氛和睦，风平浪静）、微风（小有不同，可以协商）、大风（时有争吵，冷热交替）、狂风（各执己见，难以协调）、暴风（人格否定，人身侵犯）。

评估现状时，先看双方处在哪个级别上。要客观地看待自己和对方，婚姻是个交互关系，风平浪静或风浪汹涌，都是两个人共同作用的结果。并不是你没有过失，对方就会认可你，也并不是一个人努力，家庭就会美满。简单地说，你要评估：如果重新来过，你可不可以做一个称职的妻子？他可不可以做一个合格丈夫？如果这两个回答是肯定的，可以再进行接下来的步骤。

四川女子小芹与丈夫从成都返回什邡市，为回娘家还是婆家，夫妻俩发生激烈争执。酒后的丈夫突然刹车，随手拿起一片剃须刀片，挥向坐在副驾驶座的小芹。划了三四刀后，小芹才反应过来，她抱着5岁的女儿，大声呼救，拼命将脸埋在孩子背后，但始终逃不开丈夫的刀片。女儿也被惊醒，在车里大声哭喊。最后小芹脸上被划了24刀。

丈夫为何要下此毒手？还有隐情。自2003年两人结婚，丈夫就一直猜疑小芹有外遇，并经常因此打骂她。事发前半个月，小芹因参加同学聚会，再次遭到丈夫打骂。她一气之下到成都住了半个月，后经亲友劝解才回到什邡。这次事发之后，丈夫向当地警方自首。

像这样的情况，已经到达了暴风（人格否定，人身侵犯）的程度了，因为对方歇斯底里的行为，已经涉嫌故意伤害罪，应承担刑事责任。他们面对的已经不只是保不保婚姻的问题，还有保不保性命的问题了。面对这样的现状，目标肯定是离婚。

第二步，评估完现状，根据现状制定目标。假如到了非离不可的程度，你的目标应该是好说好散，解决一系列问题。因为婚姻和爱情不一样，它会涉及财产和子女问题，这时候恩恩爱爱已经没有了，情感的前提不存在了，两个人特别清醒，就像在商场上讨价还价一样分配财产和子女的归属。所以这时候的目标应该是离得体面一点，让对方和自己，包括孩子，保持尊严。

如果处在还能挽救的程度，要不要挽救？接下来你的目标决定了你的方法。

第三步，要考虑现状和目标之间有什么障碍。很多人觉得有了目标就要考虑对策，其实还没到那一步。要考虑清楚，哪几个问题构成了我的障碍。是情感问题、习惯问题，还是父母孩子问题？或者是财产问题？

把障碍找到。对策是用来破除障碍的，跟障碍无关的都是无效劳动。

第四步，开始考虑对策。所有对策都要对准第三步找到的障碍，一一破除。

做完这四步，就能解决问题了吗？还不行。还有一个特别为人们忽视又特别重要的点，就是要考虑代价。一桩婚姻也好，一段关系也好，已经走到这样一个糟糕的地步，你想解决它，一定不是那么轻而易举的，肯定要付出一定的代价。你愿意为达成这个目标去付出什么代价？你付得起这个代价吗？有些代价你是付不起的，所以必须考虑自己能不能付得起代价。如果付不起，那就调整目标，改变对策。

这几个问题像一盘棋（见图 38），左边是现状，右边是目标，中间是障碍，上边是对策，下边是代价。这五个点合上了，我们解决问题就有了希望。

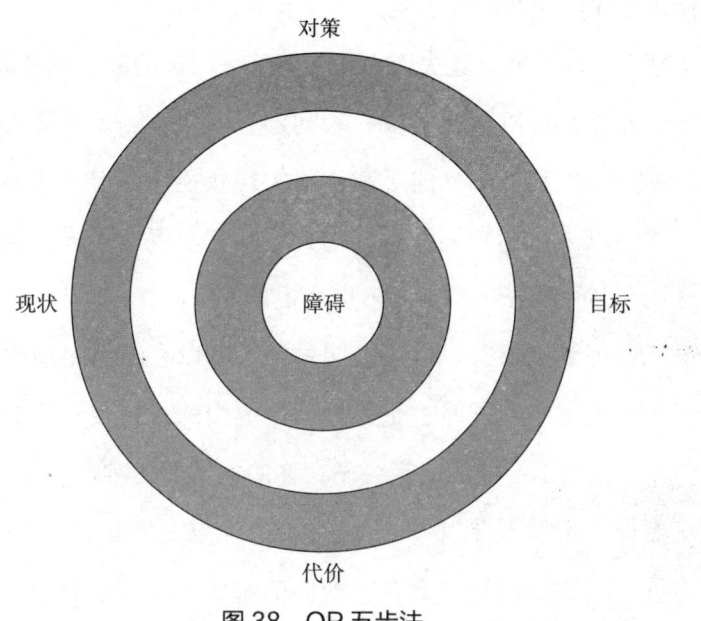

图 38　QP 五步法

现状是关系的安全程度，目标是可衡量的期许。障碍是可克服的难点，如果障碍根本不能克服，你列出来也没有用。往往克服不了的障碍，就是你内心的观念和理念。对策是可实行的措施。这个对策说出来，不能落地，不能实行，也没用。比如双方有一个男孩，男方家里三代单传，特别喜欢这个男孩，而且为抚养这个男孩付出了很多。女方通过离婚一定要把男孩要过来，去惩罚男方全家。这个对策就不太可行。

其实离婚这件事，往往不是在正确和错误之间选择对策，而是在一个大错误和一个小错误之间必须选择一个错误来自己承担。两利相衡取其重，两害相衡取其轻。要选择一个较小的代价来实现一个较好的目标，把代价控制在可承受的损失范围之内。

悲剧，因你的能量流失而上演；美好，因你的能量充盈而发生。

这个方法也可以用在解决一切问题上。但难点是什么呢？就是对现状的评估和对目标的确定。我们以为现状很坏，但其实还有挽回的余地。我们以为目标是能够达成的，但其实根本达不成，最后两败俱伤。这怎么办？最好让第三方来出个主意。

第三方一般不指父母家人。父母家人可以在结婚之前出主意做参考，但在遇到离婚问题时，毫无疑问，他们的主意很难客观。哪个父母不爱自己的孩子？他们一定会站在你的立场上去考虑。

在电影《消防员》中，凯勒的父亲维恩，发现自己的儿子和儿媳妇出现了问题。他先出面调解他们的矛盾，发现不管用，然后说服儿子带凯瑟琳去参加一个以一本书为基础的名为"挑战爱情"的长达40天的实验之旅。这其实跟"爱商"课程里正在实践的方法——打卡类似。

在父亲的劝说之下，凯勒同意了这个计划，就开始尝试。刚开始妻子并不认账，怎么对她好，她都无动于衷。一个星期过去了，两个星期过去了，凯勒要放弃，维恩还是让他继续做，说虽然表面变化没出现，但其实她的内心肯定有改变。"我知道其实你还爱着她、她还爱着你，这份爱是上帝赐予你们的礼物，所以你要去实现，要去坚持。"快到 40 天的时候，凯瑟琳突然问凯勒："我们还有可能吗？我们还可以再爱一次吗？"

凯勒在抢救爱情的 40 天中，他打卡大概是什么样子的，我们选取几天来看。

第一天：今天，请努力，不说有关配偶的坏话，是的，一句也不说。其实我们吵起来之后，经常会忍不住说对方坏话，勾起伤疤。而且夫妻了解对方太彻底，更知道怎么戳对方的痛点。所以第一天，学会不说坏话。

第二天：至少做一件让配偶意想不到的事情，来表示你对配偶的好意。

第四天：给配偶打个电话或留个言，看能否帮他/她做点什么。

第五天：列出他/她的优点。时不时从中找出一两项，来赞扬和感激他/她。这一条很重要。有的人一辈子为对方付出，对方都觉得这是应该的，从来没有一句感恩的话，也没有一个感恩的表示。所以从自己改起，列出别人的好处和优点，一项一项勾选，记得不要一下子表扬完，要细水长流。

……

第十一天：你的配偶有什么需求正好是今天你可以满足他/她的吗？我们很多时候会忽略对方的一些需求。找回我们的爱，找回我们的温暖。

第十二天：在你和他 / 她意见分歧的一个方面，心甘情愿地选择妥协和让步。很多夫妻，他们为什么最后闹到不可收拾的地步？就是一方总是妥协，另一方一次也没有妥协过。每一次都是一方先认错，先和好。不可能全是一方对，另一方错吧？承认自己不对，然后做出让步和妥协，而且这里特别重要的是要心甘情愿地做出让步和妥协。

……

经过这 40 天的打卡，这桩婚姻被抢救回来了。

打卡就是这样，它是一个微改变的过程。说实在的，改变之后，很多人都会发现自己都不知道自己有这么好，原来自己完全可以改变得出乎自己意料的好。

所以，爱即修行。他不过是另一个你，你病了他就病了，你好了他才能好。要不然一个人好了，另外一个人还携带着病毒，还会一起得病，要防止这种感染。

《爱自己，和谁结婚都一样》是著名的心理学大师爱娃写的一本书。我觉得她其实没说到点子上。谁不爱自己呢？要会爱自己才行。所以我们给大家的忠告是：首先要会爱自己，有爱商；有爱商，和谁结婚都一样。

贤妻五能，保护幸福之城

在高手林立的好莱坞，李安有《卧虎藏龙》《断背山》《少年派的奇幻漂流》这样的电影成绩，非常厉害。可当初李安从纽约大学电影制作研究所毕业，出师不利，写剧本没人用，谈合作计划泡汤，干啥啥不行。失业在家的李安只好看书，写剧本，买菜，做饭，接送小孩。做了六年家庭煮夫。

他的妻子林惠嘉善解人意，在这六年中，别人都着急了，林惠嘉还特别淡定，她说不着急。她博士毕业后开始工作赚钱，撑起了这个家。对男人来说，另一半的自在坦然比压力更能让他轻装上阵。当了六年煮夫之后，李安的才华才逐渐展现。他手捧奥斯卡小金人时，说自己最感谢的就是妻子，她给了自己最大程度的自由，能够让自己完全沉迷在事业中。

为了让他能够安心于事业，林惠嘉不但撑起了半边天，甚至把全部天都撑起来了。她生第一个孩子的时候，李安在外地工作，她觉得羊水破了，就自己开车去了医院，医生甚至以为她是弃妇。生第二个孩子的时候，李安已经成名，他守护在产房里头。林惠嘉说，你总在这儿待着，你走吧，你也不能替我生孩子。

林惠嘉是个特别有主见的女人，她不会让男人走偏。当初李安做煮夫六年，连邻居和朋友都看不下去了，议论纷纷，说她这个女博士怎么找了这么一个软饭男，得让他出去工作啊。她挡住了这些风风雨雨。后来她的母亲也着急了，说开餐馆不错，给她拿钱去开餐馆。她又挡住了，让母亲不要管，让李安安心写作，搞电影。最后李安自己也动摇了，说要不他去教计算机。林惠嘉说："天下教计算机的人那么多，那不是你的梦想所在，你安心做你的电影就行。"这一点非常厉害，她给了李安一个自由生长的空间。

所以李安在自传里这样形容林惠嘉：太太性情刚直专注、独立聪明，和她所学的微生物科学理性中带细腻的性质很像。

其实林惠嘉理解了一个男人被压抑的雄心，这就是贤妻。

我们做了大量的统计，发现了一个规律，在幸福的家庭中，80%都是女性在主导，20%是男性在主导。而且婚姻越长，女性主导家庭的比例越高。比如金婚阶段的夫妇，家里女性做主导者的比例达到了95%以上。

这到底是为什么？

理论研究发现，女性先天就具备这种领导力。妻子对家庭的贡献普遍高于丈夫。妻子对家庭的贡献是由她的能力决定的。所以我们通常会说，好妻子叫贤良之妻，也就是贤妻。每个男人都希望娶到这样的妻子，每个女人也都想做这样的妻子。那我们用现代的眼光去看，贤良之妻有什么样的特色，又有什么样的要求和能力呢？

贤妻的五种能力

说到贤妻，我们肯定都能想起来钱钟书对杨绛的评价："最贤的妻"。杨绛先生那种高度，说实话，我们很难达到。但是，总的来说，要想做贤妻，需要具备五种能力（见图39）。这五种能力就把我们的爱之城四边都保卫起来了。

第一种能力是相夫。在夫妻关系中，相夫是最重要的。"相"其实是帮助、辅助的意思。再延伸一下，与丞相、宰相的"相"是一个意思。也就是说，妻子要帮助和辅助丈夫，让他成长，让他成事，甚至让他成人。这是贤妻的第一种能力。

现在很多家庭中，妻子以孩子为中心。以孩子为中心其实是个阶

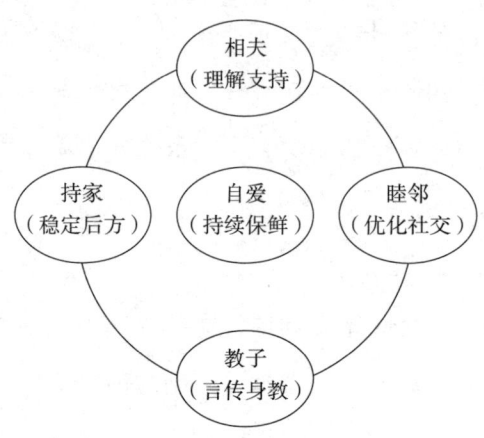

图 39　贤妻的五种能力

段性的任务。比如哺乳期，孩子幼年时期，都需要以孩子为中心，但从其一生来讲，妻子和丈夫的关系才是第一关系。所以这个关系一旦牢固了，其他的关系就好办了。

　　第二种能力是教子。教育孩子。教育孩子不是单纯地给孩子做饭、洗衣，辅导孩子做作业，它的本质是言传身教。在孩子小的时候，这种言传身教起到了不可磨灭的作用。孩子长大之后也是这样，夫妻行得端，坐得正，家风就正，孩子就正。夫妻有问题往往会影响到孩子。有一些夫妻关系恶劣的家庭就很难锻炼和成全孩子。

　　第三种能力叫持家。如果说一个丈夫在社会中拼搏叫出海，家里就叫港湾。港湾也是需要经营的。现在很多女士在外面担负着相当大的事业方面的责任，在家庭中还要承担着持家的责任。经营家庭和经营事业一样伟大。经营家庭绝对不亚于经营一家公司，因为这世界上最难经营的就是夫妻关系。能够经营好夫妻关系的人，经营其他的组织、社团也不在话下。有很多人做企业的经营者、组织的经营者做得超级棒，但是自己家里搞得一塌糊涂，为什么？家庭的经营、爱情的经营几乎需要达到很高的水平才行，而事业的经营达到一般水平已经相当不错了。

第四种能力叫睦邻。优化社交。家庭是在整个社会关系中存在的。你结婚后，不仅仅是嫁给了他一个人，而是嫁给了他的整个社会关系。他的父母、兄弟姐妹、朋友，他的社交圈都会影响到你们的婚姻。

这四种能力构成了女性作为妻子的基本能力。但是要让这四种能力成长和发挥出来，还有一个更核心的能力，就是自爱。自己爱自己，让自己成长，才能够持续保鲜。自爱包括尊重自己的身体，尊重自己做人的尊严，尊重自己成长的权利。

很多夫妻离异案例中，是因为妻子没有成长，被丈夫落在了后边，两个人已经不能同频共振了。作为妻子，你有责任去成长；作为先生，你也有责任和妻子同步成长。你们都成长了，孩子也会更好。没有自爱，其他四种能力就没有源源不断的能量注入，就会落后。

夫妻要长久牵手，牵手自然需要够得着，要比翼才能齐飞。别以为感情稳定就好，幸福才好，最幸福的事是牵手向前跑！

自我更新，不断保鲜

女性如何自爱呢？首先要做到自我更新，不断保鲜。能够一生幸福的，不是又精又灵的人，而是有始有终的人，是保持着新鲜感的人。

　　女人就像玫瑰一样，只有不断保鲜，才能够人见人爱。

　　如何保鲜？现成的解决方案很多：注意饮食，按时作息，常做美容保养，常去健身房，可惜多数人都没有那个意志力死磕，经常是好不容易下决心订一个计划，几个星期就作废了。

　　所谓青春常在，到底奥秘何在？这首先是个生命规律问题。进入青春期的女人，就像玫瑰的含苞待放期，看到喜欢的异性，想入非非，蠢蠢欲动，想控制都控制不住，这是荷尔蒙在作怪。什么是荷尔蒙？直白地说，就是激素，是一种能在组织器官中发挥某种效应的微量化学物质，能对人的生长、发育、代谢、性欲等起到重要的调节作用。

　　对男人来说，雄性激素分泌旺盛，身体开始强健，性趣日益增长；对女人来说，体内雌性激素分泌旺盛，皮肤变得有弹性和光泽，眼睛变得晶莹透亮，性格会变得温柔可爱，人体曲线变得凹凸有致。女子妙龄，哪个男子不钟情？从这个意义上可以说，荷尔蒙是最高级的美容品。

　　15 岁左右开始的花期，到 25 岁左右就渐渐衰退。就像有一首诗写的那样：**于是灵魂的悸动与青春的荷尔蒙褪散，不再如烈日火焰，在炽热消减的午后，她收尽苍凉，悄悄下沉在黄昏后的远山。**

　　女性年龄增长后，荷尔蒙会减少，直接的表现是皮肤衰老和体型改变。脸上肌肉松弛，开始失去光泽，毛孔变得粗大。由于女性雌激素在人体糖、脂肪的代谢过程中起到重要作用，当雌激素减少后，就会影响糖和脂肪的代谢功能，继而导致身体发胖，体重频频亮起红灯。

　　生理、心理方面也都可能出现问题：周期紊乱，容易疲劳，失眠多梦；性格开始变得烦躁、多疑、郁闷、易激动，甚至出现了性冷淡，也没有心思去打理自己。

你的容颜出卖了你的态度，你的身材暴露了你的堕落。美容、瑜伽、健身和减肥之类的，确实有必要，但问题是，除非你是狠人，否则没有几个人能修炼成林志玲、赵雅芝这样的不老女神。因为你打不赢强大的荷尔蒙之神。你减肥，它给你增脂；你补充胶原，它让你亏血。抓住荷尔蒙就赢得轻松多了，在两位医学博士发起的一家梅利奥私人健康定制中心里，我观察过 21 天荷尔蒙激活营地。有位女企业家分享了自己的感受：短短 21 天，奇迹出现了。不是一般的体重减轻，而是脂肪下降，肌肉含量上升。不是一般的美白，而是皮肤紧致，有了弹性。更关键的是，情绪大好，眼睛开始发亮了，心里开始萌动了，感觉世界好像由灰白重新变成彩色的了。

让青春做伴，首先是让荷尔蒙做伴。但是，这只是生理荷尔蒙，生理荷尔蒙到达高峰，之后就走下坡路了。所以我们还要找到其他荷尔蒙来保鲜（见图 40）。

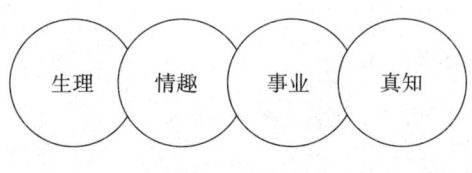

图 40　四种荷尔蒙

比如情趣的荷尔蒙，如果一个女人一点情趣都没有了，只会持家，就像橘子一样，开始是汁浓色艳，到最后就干瘪了。什么叫情趣？做家务、做饭不是情趣，厨艺叫情趣，花艺叫情趣，愿意和丈夫一起旅游，出去浪漫，这叫情趣。女人要有这样一些情趣，让自己鲜活起来。

另外，事业的荷尔蒙。事业其实也是一种情趣。很多女人为什么天天盼着丈夫回来，丈夫一回来就跟他唠叨？因为她没有事业，所有的兴奋点都在丈夫一个人身上。而有事业的女人就会特别鲜活。

最重要的，就是真知的荷尔蒙。女人要不断获取新知识，能够跟丈夫交流，跟朋友交流，跟闺蜜交流，跟孩子交流。有知识滋养的女人，永远不会面目可憎，语言乏味。精神的滋养会让你越来越亮，越来越美。不但自己漂亮，还会把周围照亮，把一个家照亮。

爱的八种表达方式

电视剧《金婚》中有一个情节，佟志和文丽因为一件小事吵了起来。吵到最后要分开。

"有事？"

"就这么着永远都不说话吗？"

"是谁不想跟谁说话呀？"

"咱今天别吵，好好谈谈，成吗？"

"要是还有的吵，也不至于到现在这个程度。我告诉你，佟子，你现在坐在这儿，我觉得你很陌生，我简直不认识你。"

"我也没想到，怎么会变成这个样子，我也很难过。"

"你还难过？这个家对你还有什么？你不早就想把它当累赘一样甩

掉吗？"

"说了不吵，不吵。"

"我一说话就吵，那我不说，你说。"

"咱们这么下去，实在是太没意思了，既影响孩子，又影响咱们的工作，你说是不是？"

"什么意思？"

"什么我什么意思？这不是咱俩的意思吗？"

"你说清楚了。"

"你别以为一说到这事你就一肚子委屈，我告诉你，现在谁都不容易。"

"你说呀。"

"你不要用这种态度嘛。"

"我什么态度？啊？你要没什么正经话，你就走人。家里事你不管不顾，我还得伺候老的、小的，我还得洗衣做饭。"

"你就永远这样，永远抱怨，永远指责，不管我做什么，怎么做，你永远都不会满意。"

"我就是这样，怎么着？"

"说好了咱们不吵，不吵。太没意思了。"

"我觉得也是。"

"咱分了吧。"

"成。"

光看这段文字，就能感觉俩人过不下去了。他俩的婚姻到底出了什么状况，吵架要分开？

用贤妻五能的观点来看，文丽在教子方面不行，儿子不断惹祸，在相夫方面也不行，睦邻和持家也都很弱。按理说，在当时，文丽是小学数学老师，有文化，佟志是技术员，两人结合在一起是很好的。但是接下来，文丽的眼光都放在了佟志身上，一天总追究他干什么去了，放弃了自己的成长。没成长就没能量。而佟志成长得很快，成为工程师，又成为厂长，非常招人眼。文丽不思进取自己不成长，而是要死死地把他拉住。比如上级安排佟志到分厂去，这是他的一个机会，但是文丽不让他去，结果两人距离越来越远。

有一个情节，佟志请人喝咖啡，一共 28 元，他先掏出来 14 元，然后把口袋里的零钱全掏出来。对方是一个崇拜佟志的女性，自己去付了钱。文丽把钱和人都看得紧紧的。

经历了多年痛苦，双方都开始改了，文丽开始成长，才把自由给了丈夫。

金婚纪念日的时候，孩子们送了他们一副对联：

半世纪牵手，养儿育女，柴米油盐，苦也恩爱，乐也恩爱，磕磕绊绊终不悔。

五十年同心，事业家庭，酸甜苦辣，苦也甜蜜，笑也甜蜜，风风雨雨永相随。

很多家庭都是这样，很多痛苦都来自能量不行了，当你的能量上来之后，环境就开始变化，对方也开始变化，如果我们成长了，就会少走很多弯路，而不是中间有那么多磕磕绊绊。

《金婚》里的这一对夫妻吵吵闹闹，最后没散。从表面上看，好在他们还在吵架。因为如果连架都不吵了，这基本上感情就没了。

那么有没有从来就没红过脸的夫妻呢？肯定也有。但是不会多。那总是吵架的夫妻，就像佟志和文丽，也过到了老。也有吵闹的夫妻分了手。

我们研究了很多到了金婚阶段的夫妻，发现他们都有一个关键词，包容。

人到中年的时候，各种矛盾聚集到一起，该怎么去解决呢？

没学过"爱商"课程的人很悲哀，他们互相在意，但只会用吵架这一种方式来表达，这就是个悲剧。

其实表达的方式有很多种，有更美好的表达方式，干吗要用这种让双方都焦虑的表达方式呢？爱一个人，到底要如何表达出来呢？我们研究了爱的八种表达方式（见图41）。

第一种叫感官表达，分为两类。首先，把自己的美好形象展示给丈夫，展示给你在乎的人，这个其实就是一种爱的表达。为什么谈恋爱的时候，我们每天都把自己打扮得那么鲜亮，一旦结了婚，不顾自己的形象了？这其实是爱在下降的一个表达。其次，温情感受，就是让他有这样一种感受，这种感受是无形的，是暖暖的。

第二种叫语言表达，分为两类。一种语言叫轻柔的语言，轻声慢语，足够耐心。其实轻柔的语言是一种心理按摩。还有一种语言叫赞美的语言，就是要赞美对方。

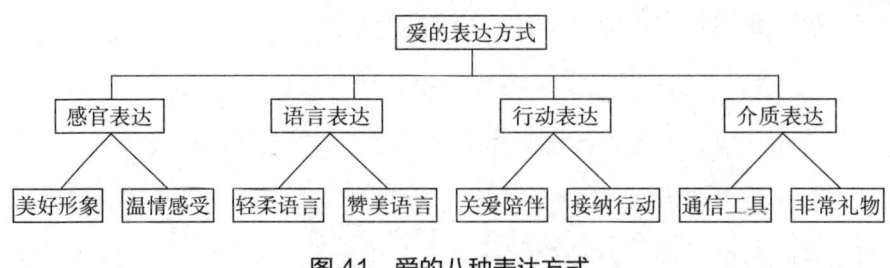

图 41　爱的八种表达方式

第三种叫行动表达。第一个行动是关爱和陪伴，这很重要。我们一定要留出足够的时间来陪伴另一半。很多家庭有了孩子之后，注意力就聚焦在孩子身上了，夫妻之间没有了单独相处的时间，也就少了很多交流。文丽其实就是一个代表，她把所有的精力都用到孩子身上，把丈夫冷在一边。所以一定要设计夫妻时刻。第二个行动，也是最高级的行动——接纳。最大的仁，最大的慈，是当别人发生错误的时候给予理解和原谅，接纳他们。

在电视剧《金婚》里，文丽不理解，不原谅，结果两个人越来越对立，走得越来越远，婚姻到了崩溃的边缘。佟志的妈妈有一段话说到了点子上。她说："我知道，他会走错，他会走失，但他走不远的，他还会回来的，文丽你千万要记着给他留一条回家的路。"这个时候文丽才开始转变，开始接纳，最后才有了金婚。

第四种叫介质表达，就是通过物来表达。物是什么？可以指通信工具。在通信工具不发达的年代，书信是最好的表达方式。爱人之间你来我往，谈一场恋爱，可以有几百封信。最美的时刻其实不是在一起的那个时刻，而是在想念和表达的那个时刻，所以那一代人的爱情会更持久。现在通信工具发达了，微信、电话多了，联系的频率高了，但也加快了爱情的衰老过程。

物还指非常的礼物。很多人想法特别匮乏，送礼送 99 朵玫瑰，再多一点，送 999 朵玫瑰。其实，可以发挥想象力来做一点别的东西，给他一件意想不到的礼物。礼物不在大小，不在钱多少，一定要送到心上，送到他最在意的那个点上。

我们可以把这八种表达方式列出来，打出相应的分数。看自己在哪一个方面比较弱，在哪一个方面比较强。最有效的，往往就是在你比较弱的地方来表达，会取得更好的效果。

那好的表达是什么样子的呢？我们可以看看朱生豪的作品。在爱情书信方面，我觉得《朱生豪情书全集》中的字句是那一代人最好的表达。朱生豪 1912 年出生，1944 年去世，是一位著名的翻译家、诗人，共翻译莎士比亚剧作 31 部。他在 20 岁的时候，认识了宋清如，两人一见面就互生好感。两个人相恋 10 年，这 10 年中，互写书信、写诗歌，终于在一起了，结果结婚两年后朱生豪就逝世了。在 32 岁短短的一生中，他做了两件重要的事：一件事是把莎士比亚带进了中国，一件事是和宋清如至上的爱情。

1986 年，殷洁读大二，放假的时候到四川玩，遇到了导游周小林，两个人在接触的几天中互相倾诉，在没有 QQ 和微信的年代，书信就成了连接他们的纽带。到 1991 年冬天，两个人已经很熟了，有一天周小林到北京去找殷洁了，殷洁问他来干吗？他说来和她结婚。

周小林认为他和女孩子在一起，人家在北京，我在四川，她等于下嫁我，我总得送她一件什么礼物。殷洁有一次和他出去玩，看到一片开花的山谷，说太漂亮了，我们将来如果能够在这样的地方生活，该有多好。这个男人就把这件事放在了心里，后来周小林就送了殷洁一座花园。用了十年的时间，花光了自己所有的积蓄，营造了一个童话王国。

他们后来上了《朗读者》的节目，刚好读了朱生豪的情书。

你也许不会相信。我常常想象你是多么美好，多么可爱，但实际见到你面的时候，你比我想象的要美好得多、可爱得多。

你不能说我在说谎，因为如果不然的话，我蛮可以仅仅想忆你自足，而不必那样渴望着要看见你。

我遇见你，就像是找到了我真的自己。如果没有你，即使我爱了一百个人，我的灵魂也终将永远彷徨着。你是独一无二的，我将永远永远多么多么地欢喜你。

不要愁老之将至，你老了一定很可爱。而且，假如你老了十岁，我当然也同样老了十岁，世界也老了十岁，上帝也老了十岁，其余一切都是一样。

我一天一天明白你的平凡，同时却一天一天愈更深情地爱你。

你如果照镜子，你不会知道自己有多么的美好，但你如果走进我心里，你就会知道你是怎样怎样的好。

我只愿凭这灵感的相通，时时带给彼此以慰藉，像流星的光辉，照耀我疲惫的梦寐，永远存一个安慰，纵然在别离时。

醒来觉得甚是爱你。

这么浪漫的爱情，是不是每个人都很向往？有没有这种永恒的爱情？一方面可以说没有，因为爱情是有花期的。但是另一方面又可以说有，如果我们不断保鲜，这一季的花落了，下一季的花又开了，那我们就处在一个爱情的鲜花山谷，我们要不断地去滋养它、浇灌它才行。

最好的爱情就是这个样子的，把你的梦想变成我的梦想，把我的梦想变成你的梦想。在实现你的梦想中，我们共同升华。

夫妻之间是一种镜像关系。一方好了，另一方也就好了。我们不要求去改变对方，只改变自己就可以带动对方。

那如果真的遇到了渣男渣女，我们能带动他们吗？

夫妻之间的关系是人生的一种修炼，当修炼的程度越高、境界越高的时候，折磨会越多。如果真遇到了渣男渣女，把他们改造过来的案例也有。但是有些人从年轻姑娘一直修炼成老太太，才达到了改造的预期。这得是多长时间的修炼？

人的一辈子就这么长，都花在改造对方身上，值得吗？一定要坚持改造吗？

所以，你要先清楚自己的目标到底是什么？如果你的目标是做一个普通人，做一个快乐的人，你改造不了魔鬼，那你就可以根据自己的能力，安全分开，各走各的路。

一定不要认为所有的东西都改造得了，因为人生是有限的，青春是有限的，如果遇到不可逾越的障碍，就绕过去。不要认为自己的修行无所不能。

换了这个人，结果也未必好。所以换一个空间，换一个对象的时候，你还是要改造自己，不改造自己，问题还会重复出现。

我们找到合适的人去修行，很多的爱就表现在日常生活中，而每一天其实都可以有不同的爱，只要我们有心。所以我们不能只做有情人，幸福的婚姻会让大家做有心人。

恋爱是百米跑，婚姻是马拉松。两个人的一生好合，实是爆发力和耐力的完美结合！如果遇到错的人呢？高爱商的准则是：此生很短，少和让你产生负能量的人在一起；此生很贵，多和引你向上的人在一起。